Schirner Verlag

Susanne Hühn

Nach dem Seminar – und nun?

Erkenntnisse aus Seminaren im Alltag umsetzen

Schirner Verlag

ISBN 978-3-8434-5124-6

Susanne Hühn:
Nach dem Seminar – und nun?
Erkenntnisse aus Seminaren
im Alltag umsetzen

Umschlag: Murat Karaçay, Schirner,
unter Verwendung von # 112310585
(Pan Xunbin), # 96997724 (MitarArt),
www.shutterstock.com
Lektorat & Satz: Claudia Simon, Schirner,
unter Verwendung von # 148986917
(Magnia), www.shutterstock.com
Printed by: Ren Medien GmbH, Germany

www.schirner.com

1. Auflage Juli 2015

Inhalt

Vorwort

Liebe Leserin, lieber Leser, immer wenn du ein spirituelles oder psychologisches Seminar besuchst, erhältst du eine Energieerhöhung. Die Seminarleiter und manchmal auch die anderen Teilnehmer schenken dir ihr Wissen, ihr Mitgefühl, ihre Liebe, ihre Aufmerksamkeit. Es geht um dich und nur um dich. Du bist anwesend, präsent, hast Raum, dich selbst zu spüren. Du brauchst dich nur um dich selbst zu kümmern, musst endlich einmal nur für dich selbst da sein. Du bist unter Gleichgesinnten. Die laute Außenwelt mit ihren ungeheuren Anforderungen, Verwirrungen und Irrungen bleibt außen vor, du bist in einem geschützten Raum, abgeschottet.

Aber wie kannst du diese Energie im Alltag umsetzen, zur Anwendung bringen?

Nun, es gibt ein paar Stolpersteine, innere und äußere, die dich daran hindern wollen, freier und glücklicher zu werden. In diesem Büchlein zeige ich dir, wie du sie leichtfüßig umgehen kannst.

Einleitung

Weißt du, was ein Quantensprung ist? Quant kommt aus dem Lateinischen (quantum: »wie viel«). Energie kommt immer gequantelt daher: in Sprüngen, in Einheiten, in Paketen. Wenn du dir einmal das alte Rutherford'sche Atommodell vorstellst, das zwar überholt, aber dennoch gut zu gebrauchen ist, um einen Quantensprung zu erklären, dann erinnerst du dich vielleicht vage daran, dass ein Atom in der Mitte einen Kern und außen herum sogenannte Schalen hat. Auf diesen Schalen kreisen die Elektronen um den Kern herum, so, wie Planeten um eine Sonne. Sie kreisen also fröhlich oder gelangweilt vor sich hin, je nach Energiezustand. Befindest du dich in einer nicht mehr stimmigen Situation, hat sich eine Komfortzone überlebt, dann haben deine Atome wenig Energie, die Elektronen »schlurfen« lustlos um den Kern herum, aber sonst passiert nicht viel. Der Zustand ist stabil, und das ist natürlich zunächst einmal erstrebenswert. Wenn du allerdings gerade im Aufbruch bist, weil der Zustand nicht mehr zu dir passt, dann sieht das Ganze anders aus.

Im stabilen Zustand gibt es wenig Bindungsenergie und damit wenig Reaktionsbereitschaft. Wenn du nun aber weißt, dass es nicht nur die Schalen gibt, die du kennst, sondern dass für die Elektronen die Möglichkeit besteht, in eine weiter außen liegende Schale zu wechseln, in der mehr Energie herrscht, mehr möglich ist, dann gibt es Hoffnung auf ein Leben voller Energie und Freude! Aber wie kommt ein Elektron von einer Schale zur nächsten? Und warum sollte es das wollen? Nun, in der weiter außen gelegenen Schale hält das Elektron mehr Energie. Es hat Energie aufgenommen, um auf diese nächste Schale zu springen, so, wie auch du potenzielle Energie aufnimmst, wenn du zum Beispiel mit dem Fahrrad einen Berg hochfährst – hochkeuchst, wenn du nicht trainiert bist. Du bist energiereicher als am Fuße des Berges, auch wenn du dich nicht so fühlst. Du hast Energie abgegeben, in Form von Muskelkraft verbraucht, und du hast Energie in Form von potenzieller Energie aufgenommen. Du kannst auch sagen, du hast deine Körperenergie in potenzielle Energie umgewandelt. Diese aber ist flüchtig, du kannst sie nur so lange speichern, wie du dich auf diesem Berg befindest. Die Energie, die du aufgenommen hast, spürst du, wenn du dich nun bergab tragen lässt und dir der Fahrtwind um die Ohren bläst, ohne dass du etwas tun musst. Sie wird durch das Hinabfahren in kinetische Energie umgewandelt. Potenzielle Energie wird zum Beispiel sichtbar genutzt, wenn du dir ein Wasserkraftwerk vorstellst, bei dem Wassermassen hinabstützen und dabei eine Turbine antreiben. Dabei wird die potenzielle Energie in kinetische (Wasser fällt hinab) und dann in elektrische Energie (Turbine erzeugt Strom) gewandelt.

Nun hat aber dieses Elektron, das den Berg erklimmen will, keine Muskeln. Es kann nicht aus eigener Kraft springen und die nächste Schale erreichen. Deshalb braucht ein Quantensprung Energiezufuhr von außen. Auch du hast, wenn du den Berg erklommen hast, noch keinen echten Quantensprung erreicht, du hast dich innerhalb deines Energielevels bewegt, bist auf deiner Schale geblieben. Nimmst du den Skilift – Energie von außen –, bekommst du deinen Quantensprung. Damit also ein Elektron von einer engen, weiter innen gelegen Schale auf eine äußere springen kann – es scheint tatsächlich zu springen, der Zustand zwischen den Schalen lässt sich nicht ausmachen, deshalb das Wort »Quantensprung« –, braucht es Energie von außen, in der Chemie ist das häufig Wärme. Du erinnerst dich an den Bunsenbrenner? Der führt Energie von außen zu, damit Reaktionen entstehen. Was genau während des Quantensprunges passiert, weiß man noch nicht. Das Atom hat nun mehr Energie, denn das Elektron kreist in einer weiter außen gelegenen Hülle, es ist auf den Berg getragen worden, um im Bild zu bleiben. Und genau das passiert in einem Seminar.

Du bekommst potenzielle Energie zur Verfügung gestellt, um dir einen höheren Schwingungszustand zu ermöglichen. Potenzielle Energie aber ist genau das, sie ist ein Potenzial, eine Ermächtigung, noch keine Handlung.

WIE du aber diese Energie nutzt, liegt vollkommen an dir selbst, und darauf haben wir, die Seminarleiter, auch keinen Einfluss. Glaube mir, manchmal hätten wir ihn gern.

Wenn also dein Alltagsleben tief unten im energetischen Tal stattfindet, dann rauschst du nach dem Seminar mit Vollgas zurück in die Tiefen und hast wahrscheinlich nicht einmal Spaß dabei. Wenn du die Energie, die du bekommst, halten willst, dann musst du dich auf den Weg machen und Stück für Stück dein Leben in eine höhere Schwingung bringen, dein Haus also auf dem Berg neu erbauen, um in diesem Bild zu bleiben. Den Quantensprung, den du durch die Energiezufuhr des Seminars erhalten hast, kannst du wieder verlieren, indem du die Energie in niedrig schwingende Systeme abgibst. Denn es gibt auch Quantensprünge nach innen, sie führen für das Atom zu Energieverlust. Nutzt du die abgegebene Energie sinnvoll, dann kannst du zum Beispiel dein Haus damit heizen – nichts anders ist Energiegewinnung: Wir machen uns die abgegebene Energie eines Atoms zunutze.

Wenn du die potenzielle Energie, die du bekommen hast, nutzt, um dein Leben umzugestalten, dann hast du einen echten Gewinn gemacht. Dienst du aber nur weiter den Narzissten oder Energieräubern in dir selbst und in deiner Umgebung, dann stehst du am Ende mit leeren Händen da. Du nährst deine Umgebung mit deiner Energie und verlierst sie dadurch für dich selbst. Oftmals vergeuden wir die erhaltene Kraft durch schlechte Angewohnheiten, die unsere Lebenskraft eher senken als stärken. Du kannst noch so viele tolle Seminare besuchen, wenn du danach in alte, womöglich auch noch süchtige Verhaltensmuster fällst, dann gibst du die Energie ungerichtet, diffus wieder ab. Verstehst du? Du schaffst das Wasser auf den Berg, damit es eine Pumpe antreibt, mit der du dein Feld bewässern könntest. Das Seminar hat dir die Kraft gegeben, das Wasser hochzuschaffen. Statt nun die Pumpe anzuschließen, lässt du es aber einfach in irgendwelche Kanäle rauschen, die überhaupt keinen Energiegewinn bringen, weil sie sich nicht selbst erhalten können oder wollen. Doch halt.

Ganz leer sind deine Hände nicht. Du hast gespürt, wie es sein kann. Und dadurch macht sich etwas in dir auf den Weg.

Jedes Seminar, das du besuchst, jede Energieerhöhung erinnert dich daran, wie es ist, wenn du dich selbst wirklich spürst. Du kommst deiner Essenz, deiner Wildnatur, nah. Du spürst ganz einfach das Leben. Und weil du ein selbst organisierendes System bist, bestrebt, im größtmöglichen Gleichgewicht und im besten Energiezustand zu sein, beginnt etwas in dir, aufzuwachen, unwirsch zu werden. Das Leben will sich durch dich ausdrücken, das ist hier auf der Erde einfach so, es lockt dich. Und weil das so ist, stärkst du in dir mit jedem Seminar den Lebensfluss. Du wirst bewusster und erkennst, wie die Energien in deiner Umgebung fließen und ob dir das gefällt oder nicht. Erst dadurch hast du die Kraft, sie zu ändern. Und so kann es sehr wohl sein, dass es dir nach einem Seminar zunächst schlechter geht als vorher. Das ist, weil du aufgewacht bist und jetzt erst siehst, was du dir selbst erschaffen, welche Umstände du akzeptiert hast. Deshalb weißt du noch lange nicht, wie du sie ändern kannst, aber du beginnst, sie zu erkennen, und dadurch mobilisierst du langsam, aber stetig Kraftquellen in dir.

Der Weg vom Opfer zum Schöpfer ist weit. Aber er beginnt wie jeder Weg mit dem Anvisieren eines Zieles, nämlich deiner emotionalen, spirituellen und auch sonstigen Selbstbestimmung. Und dieses Ziel bekommst du in Seminaren aufgezeigt. Um es im Sinne der Quantenheilung auszudrücken: Du bekommst im Seminar eine neue Matrix, ein Energiepotenzial, eine neue Blaupause. Es ist, als würde dein bisher gültiger Lebensplan umgeschrieben, jemand stellt dir eine neue Landkarte zur Verfügung, vielleicht mit völlig neuen Zielen. Du erfährst das heile, das heilige Potenzial, die Urenergie, die noch nicht in Anwendung war und damit völlig unverfälscht ist. Aber was ist ein Potenzial?

Ein Potenzial beschreibt die Fähigkeit, eine Arbeit zu verrichten, die Fähigkeit, Dinge auf eine gewisse Weise und mit einer bestimmten Kraft zu tun. Es ruht, ist noch nicht zur Anwendung gekommen.

Verstehst du? Ein Seminar kann dir nur das Potenzial geben. Zur Anwendung musst du es selbst bringen, das kann dir niemand abnehmen. Es ist, als hättest du bei dem Seminar eine Tüte mit Samen bekommen, die dir ganz neue Früchte und Blüten bringen können, wenn du sie in deinen Garten säst. Dass du aber überhaupt einen Garten mit fruchtbarer Erde besitzt, dass du die Samen aussäst und hegst und pflegst, das liegt in deiner Verantwortung.

Dein bisheriges und dein neues Energiefeld berühren sich, du kannst sie auch auf feinstofflicher Ebene verschmelzen lassen, sie zusammenbringen. Dazu gleich eine Übung. Aber die Handlungen kannst du nicht geistig erledigen, sie wollen und müssen konkret, ganz irdisch, getan werden.

Übung

Stelle dir bitte deine Energie vor dem Seminar wie eine Lichtkugel vor, wie ein Energiefeld. Es kann auch ein anderes inneres Bild sein, eine Landschaft oder etwas, was für dich passt, sogar ein Krafttier. Letztlich ist das alles immer ein Ausdruck von Energie, eben DEIN inneres Bild, welches ein Kraftfeld beschreibt. Lasse es zu einer Energiekugel werden, die du in eine Hand nehmen kannst. Und dann lasse dir bitte die Energie, die sich während des Seminars entwickelt hat, als ein anderes Bild zeigen. Lasse das Potenzial, das entstanden ist oder schon immer da war und dir nun zugänglich wurde, als Bild vor deinem inneren Auge erscheinen. Lasse es bitte sein, wie es ist, auch wenn du noch nicht alle Aspekte verstehst. Deine innere Wahrnehmung ist bei dieser Art von Arbeit dein wichtigstes Werkzeug, so vertraue dem, was sich zeigt. Bitte nun darum, dass dein eigenes Seelenfeuer dieses neue Bild überprüft, eventuell umformt, damit du wirklich nur das, was dir dienlich ist, was zu dir gehört, als heiles, reines Potenzial in dich aufnimmst. Wenn du magst, dann kannst du dieses neue innere Bild von der violetten Flamme der Transformation durchfluten lassen – damit eventuelle Projektionen und Unstimmigkeiten gelöscht werden. Wahrscheinlich aber ist dein neues Bild sowieso sehr kraftvoll, stimmig und heil. Lasse auch dieses neue Bild zu einer Energiekugel werden, nimm sie in die andere Hand. Und dann bringe deine Hände zusammen, lasse die beiden Aspekte sich berühren, überlagern, miteinander verschmelzen. Möglicherweise geschieht das blitzartig, vielleicht aber braucht es auch eine Weile oder kann heute noch nicht ganz geschehen. Je nachdem, wie groß der Energieunterschied zwischen dem Alten und dem Neuen ist, kann es entweder ganz leicht passieren, oder es braucht eine Zeit der Anpassung, eine Art energetischen Druckausgleich.

Du hast nun die Voraussetzung dafür geschaffen, dass sich deine Erkenntnisse im Alltag in die Tat umsetzen lassen. Dazu ist es wirklich wichtig, dass du erkennst, in welchen deiner Lebensbereiche du Energie verlierst. Denn wenn du diesen Lebensbereich nicht änderst, verlässt oder akzeptierst und dich selbst neu organisierst, dann kann dir kein Seminar der Welt weiterhelfen. Und das macht es so schwierig. Viele Teilnehmer wollen eine Energieerhöhung – und die soll dann bitte stabil bleiben, sonst hat das Seminar ja nichts genutzt. Wir geben euch Impulse,

Energie, Erkenntnisse, Raum. Wenn du diese Erkenntnisse aber nicht in dein gelebtes Leben umsetzt, sie nicht in echtes Leben verwandelst, dann verschwindet die Energie irgendwann. Du gibst deine Energie nach und nach ab, statt sie zu nutzen, um deine Umstände zu ändern.

Die wirklich wichtige Frage ist also:

Wie kann ich die Energie in meinem Alltag wirksam werden lassen, wie kann ich meinen Alltag so verändern, dass sich das höhere Niveau stabilisiert?

Denn die Antwort auf die Frage, wie du die Energie halten kannst, hast du schon tausendmal gehört. Ändere deine Umstände, und unterscheide sehr genau, welche Umstände deinem Leben dienen und welche nicht – ändere oder verlasse sie. Finde heraus, was dir in deinem Alltag Energie raubt, dann ändere es, oder verlasse die Situation. Das weißt du, und könntest du deine Umstände ändern, wüsstest du, wie, brauchtest du dieses Buch nicht. Denn die Antwort ist wirklich ganz einfach. So ist die Frage, die dich bewegt, wahrscheinlich eher diese hier:

Wie kann ich trotz all dem, was sich in meinem Leben breitgemacht hat, all den schwierigen Situationen, Menschen, all den Abhängigkeiten und dem Gefühl der Ohnmacht, dennoch zum Schöpfer meiner eigenen Wirklichkeit werden und mein Leben umgestalten? Wie kann ich all die Werkzeuge nutzen, die ich bekommen habe?

Zunächst einmal (und das macht es für uns als Seminarleiter sehr schwierig): Es liegt an dir, die neuen Werkzeuge und die Energie, die du bekommen hast, zu nutzen. Wir können nichts, wirklich gar nichts für dich tun, wenn du sie nicht nutzt. Ich zeige dir in diesem Büchlein Übungen und Wege auf, mit denen du deine Energie Stück für Stück auch nach einem Seminar erhöhen kannst. Aber ANWENDEN musst du sie selbst, auch wenn dir das noch so schwerfällt. Ich gebe ganz viel Energie in dieses Büchlein hinein, und du kannst sie sehr gern für dich nutzen, aber es ist wieder nur potenzielle Energie – du entscheidest, ob und wie du sie anwendest. Vielleicht dient sie dir gar nicht, dann ist es nicht einmal potenzielle Energie für dich. So biete ich dir hier ein paar Ideen, Übungen, die dir helfen können, dich neu zurechtzufinden und dich neu auszurichten.

Das alles ist dir zu viel Gerede über Physik und Energien? Dann machen wir es anders.

In einem Seminar wirst du »geschwängert«, egal, ob du männlich oder weiblich bist. Du nimmst Energien in dich auf, hütest sie, nährst sie. Deine weibliche Seite, die aufnehmende, ist sehr präsent. Du bist offen, voller Hingabe. Und selbst wenn du in einem Seminar viel tust, so lässt du dich doch in erster Linie nähren und befruchten. Du hütest die Energie in deinem Herz, im Bauch, in deiner Mitte. Bist du wieder zu Hause, ist es an dir, diese Energie in dir zu nähren, ihr Raum zu geben, das, was geboren werden will, wachsen zu lassen. Du bist schwanger mit dir selbst, mit einem neuen Selbstausdruck, und so darfst du dich gut um dich selbst kümmern, eine Mutter für das sein, was neu entsteht.

Eines Tages – wenn du aufmerksam bist, wirst du genau spüren, wann – wird der männliche Teil in dir gefordert: die Handlung, das Tun. In angemessener Zeit gebärst du das Neue, du bringst es zur Welt und lässt es zur Handlung werden, nährst es weiter, gibst ihm, was es braucht, um groß und stark zu werden. Du beschützt es, wie ein Vater die Familie beschützt, du sorgst dafür, dass es alles hat, was nötig ist. Du bist Vater und Mutter für das, was du geboren hast, für das, was während des Seminars in dir angelegt wurde. Ganz einfach.

Übernimm die Verantwortung für deinen Prozess

Sicherlich kommt dieses Büchlein erst in deinen Besitz, nachdem du schon einige Seminare besucht hast, dennoch möchte ich dir diese Übung ans Herz legen, damit du sie beim nächsten Mal anwenden kannst. Lege dir dafür bitte etwas zu schreiben parat.

Übung

Schließe bitte deine Augen, nachdem du diese Übung gelesen hast. Rufe all deine Krafttiere, geistigen Führer und Lehrer oder einfach die Macht deines Unterbewusstseins, je nachdem, woran du glaubst. Entspanne dich ein wenig, atme tief durch, erlaube dir, dich selbst so sehr zu fühlen, wie dir das möglich ist. Und dann lausche nach innen mit folgenden Fragen:

Worum geht es mir wirklich?
Was brauche ich?
Was wünsche ich mir?
Was ist meine Absicht?

Schreibe die Antworten ungefiltert auf.

Es ist eine Illusion und auch nicht sinnvoll, ganz ohne Erwartungen und Absichten in ein Seminar zu gehen. Erstens stimmt es nicht, denn du bezahlst Geld und willst auch etwas dafür bekommen, und zweitens kannst du nicht überprüfen, ob du bekommen hast, was du brauchst, wenn du dir nicht klar machst, was du willst.

Wir erleben es immer wieder, dass jemand spirituell korrekt »Ich habe keine Erwartungen« sagt und dann unterschwellig entschieden mehr Energie aus uns herauszieht als diejenigen, die mit einer klaren Absicht kommen. Eine klare Absicht kann auch sein, dass du nicht weißt, was du brauchst, aber das Gefühl hast, es hier zu finden. Es gibt einen großen Unterschied zwischen Absichten und Erwartungen. Eine Absicht ist ein Teil deiner Energie, und du trägst die Verantwortung dafür, dass du sie in die Tat umsetzt. Eine Erwartung ist ein oft auch durchaus angemessener Anspruch an andere. Bist du dir deiner Erwartungen nicht bewusst, weil du dir gar nicht erlaubst, welche zu haben, so wirst du auch deine Enttäuschung nicht zulassen, und dann kommst du in diesen unterschwelligen Groll, rutschst in das Energiefeld des ungehörten Inneren Kindes, das vampirgleich seine Umgebung leer saugt und sich dennoch nicht genährt fühlt.

Warum wirst du nicht genährt, wenn dir deine Erwartungen nicht bewusst sind? Weil du keine Verantwortung dafür übernimmst und so auch nicht die Situation verlassen kannst oder aufbegehrst, wenn sie nicht erfüllt werden!

Besuchst du ein Seminar, dann darfst du Folgendes erwarten:

Deine Seminarleiter sind präsent und pünktlich, sie kennen ihren Stoff, sie geben dir so viel Raum, wie es innerhalb der Gruppe möglich ist, sie halten die Gruppenenergie, nehmen dich ernst, hören dir zu und folgen ihrem besten Wissen und Gewissen. Sie erlauben dir keine Spielchen und Ausflüchte, sondern sehen das, was sich hinter deiner Maske verbirgt, denn Spielchen und Ausflüchte kennst du ja schon, und sie bringen dich nicht weiter. Das kannst und darfst du erwarten, außer in der Seminarausschreibung steht »Wir schauen mal, ob wir kommen und ob wir dann Lust haben, euch etwas zu geben. Wenn ihr kommen wollt, Überweisungen bitte an ...«

Du schließt einen Vertrag ab, wenn du ein Seminar buchst, und es ist gut, Absichten und Erwartungen zu haben. Allerdings wirst du in Schwierigkeiten geraten, wenn sich deine Erwartungen auf das Ergebnis beziehen, denn das liegt weder in deiner noch in der Hand des Seminarleiters. Dieser stellt Energie zur Verfügung, aber die Arbeit selbst geschieht in dir und durch dich. Formulierst du deine Absichten, so übernimmst du die Verantwortung für das, was du brauchst. Ob du es in dem Seminar, das du besuchen wirst, auch findest, ist eine andere Frage. Vielleicht bekommst du gar etwas viel Besseres. Aber gar keine Erwartungen zu haben ist oftmals aufgesetzt, unehrlich dir selbst gegenüber – und damit gibst du deine eigene Kraftquelle aus der Hand, nämlich den bewussten Willen, etwas zu ändern oder zu lernen.

Frage während des Seminars alles, was du wissen willst. Es ist Sache des Seminarleiters, zu entscheiden, ob er deine Fragen beantworten kann oder ob sie den Rahmen der Veranstaltung sprengen würden, dafür bist du nicht verantwortlich – also traue dich!

Frage den Seminarleiter auch, ob er nach dem Seminar noch zur Verfügung steht. Je nachdem, wie sehr er eingespannt ist, wird er für dich da sein oder dir andere Möglichkeiten aufzeigen. Eine Bitte habe ich allerdings: Respektiere die Pausen! Auch Seminarleiter brauchen sie.

Es kann gut sein, dass du schon ein paar Tage vor dem Seminar ein merkwürdiges Gefühl hast, dass alte Erinnerungen in dir aufsteigen, du aufgeregt oder grundlos traurig bist. Mit dem Buchen eines Seminars beginnt es zu wirken, denn du hast eine Absichtserklärung gegeben. Du hast entschieden, dich um einen bestimmten, wahrscheinlich einigermaßen brachliegenden Bereich deines Lebens zu kümmern und ihm eine Energieerhöhung zukommen zu lassen – allein diese Entscheidung erhöht schon die Energie. Vielleicht gerätst du gar in Versuchung zu stornieren, oder es scheinen von außen immer wieder Dinge dazwischenzukommen. Einige sagen dann dazu: »Es soll wohl nicht sein.« Aber so erleben wir es selten. Meistens beginnt die ganz normale und gesunde Schmerzvermeidung ihr Werk – und das darf sie auch. Wie aber unterscheidest du eine echte innere Warnung von üblicher Schmerzvermeidung?

Über den inneren Widerstand

Es gibt in uns allen eine angeborene Trägheit, die Trägheit der Masse. So anstrengend es für die Seele auch ist, einen sehr dichten Körper bewegen zu müssen, so sehr es dich oft nervt, dass hier auf der Erde alles so lange dauert und seine Zeit braucht, so anstrengend ist es auch für den Körper, diese unfassbar schnell schwingende, sich ständig in Veränderung befindende Energie namens Seele beherbergen zu müssen. Es gibt einen inneren Nullpunkt, einen Punkt absoluter Ruhe in deinem

Körper, der alles dransetzt, um im Status quo zu bleiben. Das ist auch absolut sinnvoll, sonst würde die Materie auseinanderfallen. Diesen tiefsten, innersten Ruhepunkt erreichst du zum Beispiel, wenn du geübt hast, ohne Absicht in Stille zu sitzen. Warum ohne Absicht? Weil Absicht zielgerichtete Energie ist, die dich in Aufruhr versetzt. Eine Absicht zu haben bedeutet Aktivität, und diese kann nicht den tiefsten Ruhepol bilden. Ob du diesen inneren Ruhepol kennst oder nicht – er ist da, und er wirkt. Er ist bestrebt, dich sicher und stabil in deiner Komfortzone zu halten, im Dienst am Leben. Selbst wenn du dich in dieser Komfortzone gar nicht mehr wohlfühlst, so bietet sie dir zumindest emotionale Sicherheit, du kennst dich aus und kannst den Zustand mit relativ wenig Energieaufwand aufrechterhalten.

Buchst du nun ein Seminar, so erklärst du dich bereit, dich selbst aus einer Komfortzone herauszuholen, und du kannst dir vorstellen, dass es in dir Anteile gibt, die das gar nicht begrüßen. Teilweise bekommen sie sogar richtig Angst und versuchen, dich zu blockieren. Es ist eine hohe Kunst, zu unterscheiden, ob dich eine innere Stimme warnen will oder ob die Angst vor Veränderung Regie führt. Woran erkennst du den Unterschied? Wenn du wirklich spürst, etwas tut dir nicht gut, dann wirst du innerlich eng, etwas ganz Tiefes, Ernsthaftes warnt dich. Du spürst ein deutliches inneres Nein. Entscheidest du dich dann gegen das Seminar, spürst du echte, friedvolle Erleichterung. In den meisten Fällen aber blockiert die Komfortzone. Bei aller Angst spürst du dennoch ein inneres »Ich weiß, es würde mir guttun«, du spürst, etwas in dir will lebendiger sein. Trotz deiner Angst fühlst du Weite und Freiheit, wenn du an das erhoffte Ergebnis des Seminars denkst. Stellst du dir vor, es abzusagen, fühlst du zwar kurz Erleichterung, doch schnell beginnt es, an dir zu nagen. Du weißt einfach, dass du kneifst. Wenn das der Fall ist, dann komme erst recht!

Unterschätze nicht die Fähigkeiten der Schmerzvermeidung. Sie ist ein sehr wichtiger Bestandteil deiner instinktiven Gehirnreaktionen und dient deinem Überleben – und sie ist genauso klug wie du.

Alles, was du weißt, weiß auch sie, und sie wendet es ohne Hemmung an. So wirst du in dir die logischsten Erklärungen finden, warum es nicht gut ist, wenn du in dieses Seminar gehst… glaube dir nicht, wenn du es anders spürst. Du darfst mitfühlend mit dir selbst sein, dir Mut zusprechen und dir selbst versichern, dass du erwachsen bist und mit dem, was das Seminar dir zeigt, bereit bist umzugehen. Schaue, du hast einen Grund, warum du die Themen, die dir das Seminar aufzeigen soll, bislang gemieden hast. Und dieser Grund wirkt natürlich immer noch. Also sei dir selbst gegenüber mitfühlend und verständnisvoll. Aber lasse dich nicht von deiner Schmerzvermeidung kontrollieren.

Während des Seminars

Zunächst einmal: Sorge gut für dich. Nimm dir eine warme Decke, bequeme Kleidung, etwas zu trinken und zu essen mit. Wenn etwas Besonderes mitgebracht werden soll, dann hast du vorab bestimmt eine Liste erhalten. Hast du keine bekommen, dann packe das ein, womit du dich gut fühlst. Wenn du ein Seminar besuchst, betrittst du einen ganz besonderen Raum in deinem Inneren, du öffnest dich für neue Erfahrungen. Alles, was dir ein gutes und sicheres Gefühl vermittelt, kann dich dabei unterstützen.

Bitte um Schutz. Der Raum sollte sicher und geerdet sein, das ist Aufgabe des Seminarleiters. Aber du weißt nie, wer alles da ist und ob sich deine Energie nicht vielleicht mit den Energien der anderen verstrickt. Natürlich ist letztlich alles ein Spiegel, aber du spürst dich selbst nicht, wenn du dazu neigst, an den Energien der anderen herumzudoktern. Betrachte das Seminar, worum auch immer es in diesem gehen mag, gleichzeitig als Übung, bei dir zu bleiben und dich, nur dich, zu spüren. Bitte also die Engel oder die Krafttiere oder deine eigene Seele darum, dass du so durchlässig wie nötig, aber gleichzeitig so geschützt wie irgend möglich bist.

Nimm einen Kraftgegenstand mit, einen Stein oder was immer für dich passt, und lege ihn während des Seminars neben dich. Bitte darum, dass er die Energie in sich aufnimmt. Es kann sehr sinnvoll sein, deine Erkenntnisse in ihn hineinzupusten, so, wie die Schamanen das mit Seelenanteilen machen. Immer wenn du eine wichtige Erkenntnis hast, puste sie in den Kraftgegenstand hinein, schreibe sie auf, und nimm sie gleichermaßen energetisch mit nach Hause. Wenn du dich mit NLP auskennst, dann kannst du deine Erkenntnisse auch in dich einprogrammieren, indem du bestimmte Punkte an deinem Körper drückst. Atme die Erkenntnisse tief in den Bauch hinein, oder erschaffe dir eine Kammer im Herzen, in die du die Energien, die du bekommst, als Farbstrahl, Liebe oder Wärme ablegst. Dann kannst du sie immer wieder abrufen. Je ganzheitlicher du mit all deinen Sinnen da bist, zuhörst, mitmachst, in dich aufnimmst – schwanger wirst! –, desto leichter wird dir der Zugang zu deinem neuen Wissen fallen, wenn du wieder zu Hause bist.

Stelle dir einen Schalter in deinem Gehirn vor, und schalte ihn auf »Empfang«, damit dein Gehirn so aufnahmebereit ist wie nur möglich. Und – ganz wichtig! – lasse dich nicht von dem beeindrucken, was dir nicht gefällt, sondern nimm das auf, was dich weiterbringt.

In jedem Seminar gibt es vielleicht auch Übungen, Ansichten oder Teilnehmer, die für dich nicht ganz passend sind. Lasse sie liegen, und nimm dir das, was dir dient.

Wenn du vor einem Büffet stehst, regst du dich auch nicht über das auf, was dir nicht schmeckt, sondern nimmst dir das, was du haben möchtest. Wie viel du nimmst, wie weit du dich öffnest und was du einlässt, liegt an dir, dafür bist du verantwortlich. Davon hängt in hohem Maße ab, wie viel Energie du in dein gelebtes Leben mitnehmen kannst. Du selbst bist der Speicher, also öffne dich, und nimm mit allen Sinnen auf, lasse dich berühren, und atme.

Schreibe dir bereits während des Seminars auf, was du zu Hause in die Tat umsetzen kannst. Oft kommen Gedankenblitze, die genauso schnell wieder verschwunden sind, es lohnt sich, wenn du dir diese merkst. Ich erlebe es immer wieder als hilfreich, mir selbst in einer Seminarpause einen Brief zu schreiben, der mich an das erinnern soll, was ich gerade erkannt habe. Wenn du möchtest, dann nimm dir einen Briefumschlag samt Briefmarke mit, und bitte den Seminarleiter, dir diesen Brief nach ein, zwei Wochen zuzuschicken. Das tut er sicher gern, falls nicht (weil du vielleicht auf einer sehr großen Veranstaltung warst und ihn gar nicht persönlich gesprochen hast), dann bitte einen anderen Teilnehmer darum. Und wenn es gar nicht anders geht, dann schickst du ihn dir eben selbst zu. Das Schicken und das bewusste Empfangen sind wichtig, dadurch nimmst du die Botschaft anders auf, als wenn du es dir einfach nur aufschreiben würdest.

Während des Seminars bist du in einem geschützten Raum, und es ist sinnvoll, dich so wenig wie möglich ablenken zu lassen. Je mehr du »da bist«, desto tiefer können die Prozesse wirken. Je nach Seminar geschieht die meiste Veränderung nicht durch das, was du lernst, sondern durch das, was du erlebst. Unser Gehirn lernt in erster Linie durch emotionale Erfahrungen. Je mehr du dich also durch das, was geschieht, berühren lässt, desto mehr geschieht in dir. Was will ich dir damit sagen? Lasse dich ein. Auch wenn du den Sinn einer Übung nicht erkennst, auch wenn du unsicher bist, dich schämst oder es sogar irgendwie albern oder dumm findest, lasse dich darauf ein, außer du spürst, dass dich ein Ritual wahrhaft überfordert. Ein guter Seminarleiter wird dir immer auch eine Ausweichmöglichkeit bieten – allerdings ohne dich allzu rasch flüchten zu lassen!

Letztlich hast du immer die Wahl, dich einzulassen oder eben nicht, und am Ende trägst auch nur du die Verantwortung für deine Entscheidung. Und so darfst du jederzeit Ja, aber auch Nein sagen.

Ich weiß es immer sehr zu schätzen, wenn jemand wirklich überprüft, ob er eine Übung mitmachen will oder nicht. Natürlich freue ich mich sehr, wenn jemand mutig und kühn neue Wege geht, aber manchmal ist es geradezu offensichtlich, dass jemandem eine Übung zu intensiv ist, ihn zu sehr aus seiner Komfortzone herausreißt. Wir Seminarleiter wissen, dass unsere Teilnehmer das, was sie erleben, zu Hause auch verarbeiten müssen, und deshalb sind Achtsamkeit und Respekt vor der Energie des anderen die wichtigsten Werkzeuge. Manchmal birgt die Anerkennung des Nein eine größere Chance auf Heilung als die tollste Übung, weil du endlich auch mit deinem Nein gesehen und verstanden worden bist.

Du hast das Seminar gebucht, weil du dem Seminarleiter vertraust, zumindest hoffe ich das. Und so darfst du dich ihm auch anvertrauen, nicht, um ihm zu gefallen und um alles richtig zu machen, sondern um das zu nehmen, was er dir zur Verfügung stellt. Ein Seminar entsteht aus dem, was der Seminarleiter hineingibt, und aus dem, worauf sich die Seminarteilnehmer einlassen. Unterschätze nicht deinen eigenen Einfluss auf die Qualität des Seminars! Natürlich gibt der Leiter sein Bestes, das darfst du erwarten. Aber die wahre Begeisterung, das echte Feuer, kommt erst dann, wenn die Teilnehmer sich berühren lassen, wenn eine Resonanz entsteht. Gemeinsam erschafft ihr einen energetischen Raum, und je offener und bereitwilliger du dich auf das einlässt, was dir angeboten wird, desto freier fließt auch die Energie der Seminarleiter selbst.

Heißt das, du bist dafür verantwortlich, wie das Seminar läuft? Natürlich nicht. Aber du kannst immerhin einen Anteil dazu beitragen, und das ist doch gut!

Oft werden wir gefragt: »Wie gehe ich damit um, wenn ich nicht mehr unterscheiden kann, welche Gefühle meine eigenen sind und welche ich von den anderen Teilnehmern übernehme? Und was stimmt und brauche ich für mich, wie kann ich dem Sog der Gruppe entgehen? Wie kann ich beurteilen, ob das, was der Seminarleiter sagt, zu mir passt oder nicht? Anders gefragt: Wie kann ich meine Selbstverantwortung behalten?«

Ein Seminar zu besuchen bedeutet, du tauchst ein in einen unkontrollierbaren Strudel aus Energien, Wünschen, Anforderungen, Informationen und eigenen Prozessen. Es ist also wirklich schwierig, während dieser Zeit ganz klar zu unterscheiden, was zu dir gehört und was nicht, und manchmal funktioniert es auch nicht. Denn letztlich sind die anderen deine Projektionsfläche. Was aber, wenn du ernsthaft das Gefühl hast, dich selbst zu verlieren und dich im Strudel der fremden Energien aufzulösen? Es gibt einige Methoden, wieder zu dir zu kommen, die alle ganz einfach sind, die aber angewendet werden wollen:

Gehe spazieren, nimm dir in den Pausen Zeit, für dich zu sein. Wenn es dir zeitlich und räumlich möglich ist, dann setze dich an einen Baum, und bitte ihn, dich von allem zu befreien, was nicht wirklich zu dir gehört.

Rede mit dem Seminarleiter. Mike und ich arbeiten genau deshalb immer zu zweit, damit einer von uns für euch auch einzeln da sein kann, wenn ihr euch in Prozesse oder in fremde Energien verstrickt. Der andere hält die Gruppe weiter. Teile dem Seminarleiter mit, dass du in Not bist. Es ist seine Aufgabe, dann für dich da zu sein und nach einer Lösung für dich zu suchen.

Tanze. Wenn es dir möglich ist, dann schüttle alle Energien ab, die nicht zu dir gehören, indem du wild und frei tanzt – im Zimmer zur Musik aus dem MP3-Player, im Seminarraum, in der Natur. Du brauchst vielleicht nicht einmal Musik dazu.

Setze dich in Gedanken der Person, deren Energien du so überdeutlich wahrnimmst, gegenüber. Stelle dir vor, eine goldene Acht beginnt, um euch herumzufließen. Alles, was nicht zu dir gehört, fließt von dir ab, alles, was der andere übernommen oder genommen hat, kommt zu dir zurück.

Manchmal nehmen wir gegen unseren Willen das Schicksal anderer auf uns, weil es ihnen zu schwer zu sein scheint oder es mit unserem eigenen in Resonanz gerät. Wenn du dich allzu intensiv mit einem anderen Teilnehmer beschäftigst, dann verneige dich innerlich vor ihm, und sage ihm: »Ich achte dein Schicksal.« Damit kannst du es besser bei ihm lassen.

Besonders wenn du ein Wochenend- oder ein Urlaubsseminar gebucht hast, wirst du in näheren Kontakt mit den Teilnehmern kommen, auch wenn du das nicht immer willst. Überprüfe zunächst, ob die Struktur des Seminars, besonders der Freiräume, für dich passt. Vielleicht willst du nicht mit den anderen essen gehen, sondern Zeit mit dir selbst verbringen. Erlaube dir, »unhöflich« zu sein, es ist dein Seminar. Du musst sowieso die Folgen dessen tragen, was du entscheidest. Bist du den anderen näher, als es dir guttut, musst du es ja auch verkraften, also erlaube dir zu sagen, was du willst. Das Seminar bietet dafür einen hoffentlich geschützten Raum.

Übergriffigkeiten vermeiden

Es gibt verschiedene Arten der Übergriffigkeit, die wir in unseren Seminaren zu vermeiden versuchen, die aber immer wieder auftreten. Wehre dich bitte energisch dagegen, lasse dich nicht darauf ein, gehe lieber in den Pausen weg, und verbringe deine Zeit allein.

Erstens: Ungebetene Therapie in der Pause

Du hast in der Gruppe einiges von dir preisgegeben, das ist sehr mutig und hilft dir weiter. Die Einzigen, die dafür zuständig sind, etwas dazu zu sagen, sind die Seminarleiter, denn die bezahlst du dafür, und du hast sie, indem du das Seminar bei ihnen gebucht hast, um Hilfe gebeten. Wenn sich Gruppenteilnehmer aufschwingen, dir Ratschläge zu erteilen, dir ihre Meinung oder ihre Gefühle zu dem, was du von dir gezeigt hast, nahezubringen, dann sind sie übergriffig, außer du hast sie gefragt (dazu gleich mehr). Halte auch du dich bitte zurück. Zugegeben, es ist schwierig, wirklich nur bei dir zu bleiben, wenn du selbst als Therapeut oder Seminarleiter arbeitest; bist du doch sehr geübt darin, für andere mitzufühlen. Die Themen und Energien der anderen gehen dich aber einfach nichts an. Du bist für DICH hier und nur für dich, und es kann eine immense Erleichterung sein, dich darauf zu besinnen.

Lasse dich in der Pause nicht mit Ratschlägen füttern, sondern bleibe bei dir, und tue, was dir guttut. Versorge in der Pause bitte auch andere nicht mit dem, was du fühlst und weißt, sondern bleibe in deinem Gefühl für dich und in dem, was gerade bei dir geschieht. Warum? Damit deine eigenen Prozesse Raum haben. Bist du allzu sehr mit den Themen anderer beschäftigt, dann lenkt dich das womöglich von dir selbst ab. Bist du allzu sehr damit beschäftigt, anderen zuzuhören, gilt das Gleiche. Wenn dich also in der Pause jemand in ein Gespräch ziehen will, dann teile freundlich mit, dass du für dich sein willst. Jeder wird das verstehen (und falls nicht, dann ist es erst recht sinnvoll, dich zurückzuziehen). Es ist schwierig, besonders, wenn du co-abhängig bist, aber vielleicht bietet sich dir auch eine gute Gelegenheit, einmal auszuprobieren, wie es ist, für dich zu sorgen. Kommst du gar nicht klar, dann bitte den Seminarleiter, das anzusprechen, wir machen das fast immer.

Zweitens: Ungebetenes Teilen in der Pause

Es gibt immer wieder Seminarteilnehmer, die so in Not sind, dass sie auch in der Pause über sich reden und andere um Rat fragen. Bist du wirklich bereit, zuzuhören und deine Zeit zu teilen, so mache das. Sehr viel sinnvoller aber ist es, wenn du dir Zeit für dich selbst nimmst und die Prozesse der anderen bei ihnen lässt, außer es tut dir gut, mit Gleichgesinnten zu reden. Gemeinsam Spaß zu haben ist natürlich immer heilsam.

Wenn du in Not bist, dann wende dich bitte an den Seminarleiter, nicht an die anderen Teilnehmer. Diese sind wie du in ihren Prozessen und brauchen ihre Zeit für sich, außerdem kannst du nicht sicher sein, dass sie dir wirklich helfen können, es ist einfach nicht ihre Aufgabe. Lasse dich nicht hinreißen, die anderen in der Pause für dich zu beanspruchen, es sei denn, du fragst ganz ausdrücklich, ob die Person deines Vertrauens bereit ist, dir ein wenig Zeit zu schenken. Lasse sie sich frei entscheiden, schließlich hat sie wie du für das Seminar bezahlt und ist wie du bedürftig, sonst wäre sie ja nicht hier.

Lasse dich nicht dazu verführen, den Therapeuten oder Zuhörer für jemand anderen zu spielen, egal, wie sehr er in Not ist, denn das ist Aufgabe des Seminarleiters. Du brauchst deine Zeit für dich, es sei denn, du verschenkst sie ganz bewusst und freiwillig. Sei dir der Tendenz bewusst, dich von dir selbst abzulenken, indem du für andere da bist, und nähre dich selbst dreimal, bevor du für andere da bist – in einem Seminar hast du Gelegenheit, das zu lernen.

Fühlst du dich wirklich zu sehr verstrickt, ist das alles nicht stimmig für dich, dann steht es dir natürlich auch frei, das Seminar abzubrechen, manchmal ist das die richtige Entscheidung – sei aber sehr achtsam, ob du nicht vor deinen eigenen Prozessen flüchtest. Ein guter Seminarleiter wird dich nicht nötigen zu bleiben, denn am Ende musst du das ja auch alles tragen.

Du siehst schon, es gibt keine eindeutigen Hinweise, was für dich richtig ist. Letztlich aber kannst du sowieso nicht allzu viel falsch machen. Bleibe bei dir, achte auf dich, nimm dir Zeit für dich.

Dos and Don'ts

- ★ Lasse dich nicht in therapeutische Gespräche mit Teilnehmern ziehen.
- ★ Nötige anderen keine therapeutischen Gespräche auf.
- ★ Verwickle dich nicht in Diskussionen über die richtige Lebensführung, weder über deine eigene noch über die der anderen.
- ★ Lasse das, was für dich nicht stimmt, dort, wo es hingehört, und nimm nur das, was dir nach sorgfältiger Prüfung guttut.
- ★ Sei dennoch offen für andere Sichtweisen, deshalb bist du ja im Seminar.

★ Halte dich fern vom Lamentieren und Jammern anderer.
★ Halte dich fern von deinem eigenen Jammern und Lamentieren.
★ Nimm dir Zeit für dich, tue das, was dir guttut.
★ Sei pünktlich, und achte die Räume und Rituale der Gruppe.
★ Ziehe immer wieder deine Energie zu dir zurück, damit sie sich nicht allzu sehr mit denen der anderen verstrickt.

Die Verantwortung wieder zu dir zurücknehmen

Du hast dich für einen oder gar ein paar Tage fallen lassen können, hast Energie von anderen bekommen und dich sicherlich aufgehoben und geborgen gefühlt. Du warst bereit, vieles von dem, was dir andere gegeben haben, in dich aufzunehmen, dich vertrauensvoll zu öffnen, und du hast sicher auch deine Bedürftigkeit gespürt. Dein Inneres Kind konnte sich entspannen, und du warst energetisch versorgt. Das alles war sehr sinnvoll und gesund – der Grund, weshalb man in ein Seminar geht. Auf eine Weise war der Seminarleiter wie ein Vater oder wie eine Mutter, er hat dich mit Energie genährt, dich etwas gelehrt. Du hast ihm vertraut und energetische Fäden zu ihm gesponnen; das war auch wichtig, sonst hättest du nichts auf- und annehmen können.

Doch nun wird es Zeit, wieder die volle Verantwortung für dich selbst zu übernehmen – wenn du das nicht schon längst getan hast. Der beste Zeitpunkt dafür ist gleich nach dem Seminar, noch im Raum, wenn ihr die Verabschiedungsrunde macht. Stelle dir dazu bitte vor, dass du all die Fäden, die du zu anderen gesponnen hast, mit ein paar tiefen Atemzügen wieder in dich einatmest. Du bleibst sonst auf eine nicht immer gute, weil abhängige Weise mit dem Seminarleiter oder auch mit Teilnehmern verbunden.

Übung

Stelle dich in Gedanken bitte in eine Lichtsäule. Sieh, wie du durch Energiefäden mit dem Seminarleiter und auch mit den anderen Teilnehmern verbunden bist – hoffentlich auf befruchtende, aber möglicherweise auch auf energieraubende Weise. Atme all deine Fäden, all die Fragen, die Wünsche, Ansprüche, deine Bedürftigkeiten, deine Projektionen und alles, was in dem Seminar entstanden ist, zu dir zurück und in dich ein. Atme also alle Fäden, die du zu anderen gesponnen hast, zu dir zurück.

Brauchst du stärkere Maßnahmen, dann bitte darum, dass sie durchgeschnitten werden. Wenn du magst, dann rufe Erzengel Michael, er benutzt sein Schwert, um dich zu befreien. (Ob du an Engel glaubst oder nicht, ist völlig egal, es kann einfach ein sehr hilfreiches inneres Bild sein.) Du kannst auch ein Krafttier rufen, das dir hilft, deine Energien zu dir zurückzuholen. Es beißt oder knabbert alle Fäden durch, die sich nicht stimmig anfühlen, und hilft dir, die Lichtfäden zu dir zurückzuziehen.

Mit der nächsten Ausatmung kannst du dann alles loslassen, was du nicht mehr brauchst, aber zunächst atme es bitte ein, damit es wieder bei dir ist.

Und nun bitte darum, dass dir das Licht der Lichtsäule dabei hilft, auch all die Fäden der anderen, deren Projektionen und Wünsche an dich, aufzulösen. Besonders die unguten, nicht stimmigen Projektionen, Wünsche und Vorstellungen über dich werden radikal abgelöst – radikal deshalb, damit du dich selbst wieder spürst und nicht im Spiegelbild gefangen bleibst. Nicht alles, was andere über dich glauben und meinen, gehört zu dir, nicht alles ist ein Spiegel. Manchmal ist es wirklich nur eine Projektion. Das Licht hilft dir, dich selbst wieder wahrzunehmen.

Und dann, wenn du dich gereinigt und wieder bei dir fühlst, bitte darum, dass du ein neues, gereiftes Selbst wahrnehmen kannst, jenes Selbst, das durch das Seminar lernen und reifen durfte. Vielleicht erkennst du nun noch einige Aspekte, die du bislang nicht gesehen hattest. Nimm dieses neue Selbst tief in dich auf, oder, wenn du das noch nicht kannst, bitte es, nach und nach in deinem Leben wirksam zu werden.

Bleibe noch ein wenig in der Lichtsäule stehen, lasse dich durchströmen, und komme dann nach einer Weile wieder zurück – neu, anders, gereinigt und mit einigen Erkenntnissen.

Es kann sehr hilfreich sein, den letzten Teil dieser Übung immer wieder zu wiederholen, damit du in Kontakt mit deinem gereiften Selbst bleibst.

Dieses Reinigen entlastet den Seminarleiter, aber vor allem nimmst du die Verantwortung wieder zu dir zurück. Oftmals ist es deshalb so schwer, die Energien im Alltag umzusetzen, weil wir nicht aus der Rolle des Schülers, der nun einmal nicht ganz für sich selbst verantwortlich ist, herauskommen. Wir hoffen, dass ein Lehrer kommt und uns sagt, was wir tun sollen, wie das während des Seminars geschehen ist.

Sei bereit, die volle Verantwortung für dich und deinen Weg zu dir zurückzunehmen, und ziehe die Fäden vom Seminarleiter ab und zu dir zurück.

Erst dann bist du wirklich in der Lage, dein Gelerntes und Erfahrenes selbstverantwortlich in dein Leben zu integrieren – sonst bleibst du ein fragendes Kind, das mit großen Augen darauf wartet, dass man ihm sagt, was es tun soll. Das war während des Seminars sinnvoll, damit du dich wirklich öffnest, aber nach dem Seminar dient es dir nicht mehr. Diese Übung ist wirklich wichtig, denn sie bildet die Basis dafür, dass du deine Erkenntnisse umsetzen kannst. Das Innere Kind wird davor zurückschrecken, weil es Veränderung bedeutet, aber der innere Erwachsene kann das.

Frau Birgit S. schenkt uns folgende Erkenntnisse:
»Nach dem ersten Seminar war mein Hirn so vollgepackt mit Emotionen und Informationen, dass ich auf positive Weise ganz schön aufgedreht war. Ich fuhr sofort nach Hause und stürmte in die Wohnung. Ein großer Fehler … die ganze Energie war weg, und ich fühlte mich abends total ausgelaugt und leer … aber ich bin ja lernfähig. Mittlerweile nehme ich mir die Zeit und bleibe ein paar Minuten im Auto sitzen (vor und nach der Fahrt) und gehe das Seminar noch einmal durch. Was hat mich berührt? Was fühlt sich wichtig an, und was muss noch ein bisschen arbeiten, bis ich es ganz verstehe? Es hilft mir auch immer, mir ein paar Dinge während des Seminars aufzuschreiben, zum Beispiel die Krafttiere, Engel, Farben, die ich wahrnehme. Oft lese ich Dinge noch einmal nach (zum Beispiel in Bezug auf Krafttiere), oder ich stöbere im Internet (bei Farben und Engeln, die mir besonders am Herz liegen). Ich probiere auch in den Tagen nach dem Seminar, mich noch oft daran zu erinnern und nachzuspüren, was das Seminar mit mir gemacht hat. Ganz selten rede ich mit Freunden oder der Familie über das Seminar. Ich habe für mich die Erfahrung gemacht, dass die Wirkung des Erlebten sehr schnell ›ver-

pufft‹, wenn ich mit anderen darüber spreche. Es gibt nur ein oder zwei Leute, mit denen ich das kann, ohne das Gefühl zu haben, dass die Energien verpuffen.«

Warum »verpufft« die Energie oft, wenn wir mit anderen darüber reden? Eine Verpuffung ist eine blitzartige chemische Reaktion, eine explosionsartige Entzündung von Gas, die eine kurzfristige Druckerhöhung, eine Druckwelle, erzeugt, welche aber rasch wieder in sich zusammenbricht. Die entstehende Hitze setzt meistens das Umfeld in Brand.

Lässt du diese Druckwelle dort wirken, wo du echte Veränderung erleben willst, dann ist die Explosion, die der Verpuffung folgt, sehr sinnvoll. Sprichst du also mit Menschen, die dich unterstützen, dann werden sie dich erinnern, dir Raum geben, wenn du das, was du gelernt hast, wieder vergessen solltest.

Lässt du die erhaltene Energie aber an ungeeigneten Stellen wirksam werden, so bringt sie keinen Nutzen, sie ist am Ende einfach weg, hat nichts bewirkt. Wenn du also mit Menschen redest, die dich nicht verstehen, dann bekommst du eine kurze Reaktion, die dir nichts nutzt, weil sie meist negativ ist und dich nicht unterstützt. Kontrollierte, gezielt eingesetzte Verpuffungen sind sehr hilfreich, nämlich da, wo es gilt, Grenzen zu sprengen. Deshalb hüte die Energie, die du bekommen hast, und setze sie sinnvoll ein!

Verstehe bitte, dass es nahezu unmöglich ist, die emotionale Energie des Seminars zu halten, denn diese wirkt auf das Gehirn beinahe wie eine Droge. Einige Seminarleiter arbeiten geradezu damit, dich mit positiver Energie anzufüllen – das macht süchtig. Ernsthaft!

Das Leben findet auf einem gemäßigten Niveau statt, weil du sonst zu viel Energie verbrauchst. Du hast einen bestimmten Hormonspiegel, auf den sich dein Körper eingerichtet hat. Damit du mit möglichst wenig Energie möglichst viel leisten kannst – das Grundprinzip der biologischen inneren Steuerung –, regelt dein Gehirn dein Hormonsystem auf sein gewohntes Niveau zurück, wenn die Reize von außen wegfallen. Deine Hormone und damit auch dein Gefühlsleben pendeln sich auf das Vertraute ein.

Es ist eine Illusion, die Höhenflüge, die du beim Seminar erlebt hast, zu Hause halten zu wollen, darum sollte es auch nicht gehen.

Es sollte um die Essenz dessen gehen, was du durch diese Höhenflüge erfahren hast, sonst wirst du ein von diesen Emotionen abhängiger Junkie – das passiert rasch.

Und so ist ein Seminar nicht unbedingt erfolgreich gewesen, nur weil du danach supergut drauf warst und dieser beinahe rauschartige Zustand noch ein paar Tage lang anhielt. Dann hattest du einfach einen charismatischen Seminarleiter mit einer guten Wirkung auf deine Serotonin-Ausschüttung, was auch sehr hilfreich ist. Wir lernen besser und schneller, wenn eine Erkenntnis mit einem guten Gefühl gekoppelt ist, weil die inneren Fluchtreflexe in diesem Fall stillhalten und wir deshalb offen für Neues sind. (Fühlen wir uns nicht wohl, sind wir innerlich in Habachtstellung und bestimmt nicht bereit, etwas Neues in uns aufzunehmen, im Gegenteil.) Es reicht aber nicht. Ein Seminar war für dich erfolgreich, wenn du viele Inhalte für dich mitnehmen konntest, viele Werkzeuge erfahren oder einfach viele Erkenntnisse erhalten hast.

Nimm Abschied von deinem Wunsch, den emotionalen Verliebtheitszustand in dich und das Leben aufrechterhalten zu wollen, dein Gehirn wird das aus rein energiewirtschaftlichen Gründen nicht erlauben.

Es regelt sich selbst herunter, und wenn es immer wieder neues »Dope« bekommt, dann stumpft es ab. Denn es ist purer Stress, permanent auf einem emotionalen Höhenflug zu sein.

Lasse dir kein »spirituelles Dope« andrehen. Lasse dich nicht verführen, sondern belehren. Wenn du allzu sehr zum Seminarleiter aufschauen musst, wenn er allzu großartig ist, dann verführt er dich womöglich.

Natürlich darfst du tief beeindruckt sein, das bin ich auch von meinen großen Meistern, und ich mag das Gefühl. Es IST beeindruckend, wenn jemand daherkommt und dich etwas lehren kann. Dennoch braucht es eine gewisse Berührbarkeit des Lehrers, sonst besteht die Gefahr, dass du eine spirituelle Droge bekommst oder dein eigenes Selbstwertgefühl zu sehr schrumpft. Und dann wirst du abhängig, aber selbst das ist für eine gewisse Zeit völlig in Ordnung. Ich habe sehr viel spirituelle Nahrung gebraucht, viele Bücher und Seminare, bis ich beginnen konnte, mich meinen eigenen schmerzlichen Themen zu stellen. Doch irgendwann kommst du um deine persönliche psychische Arbeit nicht mehr herum. Denn das bedeutet es, den Himmel auf die Erde, das höchste Licht in deine Emotionen, deine Handlungen, deine Gedanken zu bringen.

Die Ergebnisse des Seminars zeigen sich nüchtern und bei Tageslicht, nicht in der Hochstimmung nach einer Meditation im Kerzenschimmer.

Der Altar

Du hast in dem Seminar etwas Neues für dich erfahren, und jetzt wird es Zeit, zu Hause Platz dafür zu schaffen. Es ist ganz einfach: Wenn du im Urlaub ein wunderschönes Mitbringsel kaufst, eines, das es nicht an jeder Ecke gibt, sondern etwas ganz Besonderes, dann bekommt es in deinem Zuhause sicher einen Ehrenplatz. Wenn es keinen Platz gibt, dann wirst du sicher ein wenig umräumen und eventuell etwas anderes, nicht mehr Passendes weggeben, oder? Und hier ist es genauso. Du hast ein sehr wertvolles Mitbringsel gefunden, nämlich einen neuen Teil von dir selbst, und dieser braucht nun Platz, sonst verstaubt er im Koffer. Dann müsstest du dir weiterhin die alten Sachen anschauen, auch die, die längst entsorgt gehören. Dazu käme das nagende Gefühl, dass du es mittlerweile eigentlich besser wissen müsstest. Tue dir das nicht an! Finde einen Platz für dein neues Ich.

Übung

Suche dir bitte eine schöne Ecke in deiner Wohnung, und erschaffe dir einen Altar oder einen Erdtopf. Dieser Altar/Erdtopf ist wie ein Kristallisationspunkt, an dem du Energie sammeln und halten kannst. Warum ist das wichtig? Weil du dein Potenzial in Handlung umsetzen musst, damit Veränderung geschehen kann. Eine Handlung kann selbstverständlich auch darin bestehen, etwas nicht mehr zu tun! Dann ist das Tun, um es bejahend auszudrücken, die Abstinenz vom süchtigen oder wenig hilfreichen Verhalten. Abstinent sein ist eine Handlung.

Ganz bewusst legst du die Gegenstände und Symbole auf den Altar oder in den Erdtopf, die dich mit dem verbinden, was du für dich halten, haben oder erfahren willst. Mache einen Spaziergang, und öffne dich dafür, genau das – den Stein, den Ast, das Blatt, die Feder – zu finden, was dir die Energie des Seminars, die Erkenntnisse, die für dich wichtig sind, zugänglich macht, und lege es auf den Altar. Schreibe dir selbst einen Brief darüber, was du dir selbst sagen, woran du dich erinnern willst, und lege ihn auf den Altar.

Zur Erklärung: Ein Erdtopf ist tatsächlich ein Topf oder eine Schale, die du mit Erde füllst, als Symbol für die nährende Kraft von Mutter Erde. Auf diese Erde legst du nun symbolisch alles, was genährt werden soll: deine finanzielle Fülle, deine Beziehungen, aber natürlich auch deine Lebenskraft, deine Schöpferkraft und deine Inspiration. Symbole und Rituale wirken tief ins Unterbewusste hinein und stärken deine Absichten, richten dich selbst aus und helfen dir, bewusste Verantwortung für das, was du verwirklichen willst, zu übernehmen und dich immer wieder daran zu erinnern.

Einen Altar zu erschaffen bedeutet, »etwas in die Tat umzusetzen« – zunächst nur symbolisch, doch es ist ein guter Anfang. Wenn dein Altar schon etwas länger besteht und er damit ein stabiler, wirksamer Bestandteil deines Lebens geworden ist, Ausdruck deiner Absichten und Lebensziele, dann genügen manchmal schon kleine Anpassungen, um echte Veränderungen auch im Außen zu erreichen. Ein genutzter und lebendiger Altar oder Erdtopf ist wie eine Gebärmutter, in die du hineinlegst, was genährt und geboren werden soll. Je bewusster und sorgsamer du diesen Altar nutzt, desto mehr wird er zu einer echten Kraftquelle und einem echten Hebel, mit dem du deine Welt aus den Angeln heben kannst.

Überprüfung

Nimm dir bitte Zeit und etwas zum Schreiben. Dir Zeit zu nehmen ist eine Grundvoraussetzung, um neue Ziele zu erreichen.

Übung

Schreibe nun bitte auf, was dir das Seminar gebracht hat, welche Erkenntnisse du hattest, sichte und ordne deine »Beute«. Das, was dir nicht gefallen hat, sortierst du einfach aus, es hat nichts mit dir zu tun und war nicht für dich bestimmt. Schaue dir an, was du während des Seminars aufgeschrieben hast, und schreibe es noch einmal neu, beschäftige dich noch einmal bewusst mit den Inhalten. Überprüfe, ob Fragen oder Unstimmigkeiten offengeblieben sind, die dich daran hindern, das Gelernte umzusetzen. Falls es so ist, frage den Seminarleiter, ob er deine Fragen beantworten kann. Manchmal ist ihm das nicht möglich, denn auch er braucht klare Auszeiten, doch sicher wird er dir eine andere Hilfe anbieten, ein Buch, das du lesen, eine CD, die du hören kannst.

Schreibe dir vor allem auf, was für dich neu war.

Formuliere noch einmal deine ursprüngliche Absicht, und denke daran: Du hast das Seminar für dich besucht, nicht für den Seminarleiter! Du brauchtest ihm nicht zu gefallen, und dein Inneres Kind musste nichts richtig machen. Es ist wirklich sinnvoll, deinem Inneren Kind zu versichern, dass es nicht geprüft worden ist.

Filtere also heraus, was du für dich anwenden willst und was nicht, welche Antworten, Erfahrungen und Erkenntnisse du in deinem Leben nutzen bzw. umsetzen möchtest. Trenne die Spreu vom Weizen.

Die Umsetzung: Inventur und Handlungsplan

Woran scheitern wir meistens, wenn wir etwas umsetzen wollen? Wir haben keinen Plan.

So nimm dir bitte Zeit, dir dein Leben in aller Ruhe anzuschauen, und mache eine Art Inventur. Das kann ganz schnell und intuitiv geschehen oder langsam und gründlich. Tue das möglichst bald nach dem Seminar, bevor dich die energetischen Fallstricke deines Alltags wieder daran hindern.

Übung

Schreibe dir auf:

- Was will ich ändern?
- Was traue ich mir zu zu ändern?
- Was ist der erste Schritt zur Veränderung?

Nimm dir bitte höchstens drei Lebensthemen vor, höchstens drei Veränderungen, beschreibe diese aber bitte ganz konkret. Wenn du etwas verändern und in die Tat umsetzen willst, dann brauchst du eine To-do-Liste, keine vage Vorstellung, sondern eine echte Bedienungsanleitung. Also schreibe dir bitte eine auf.

Hier ein Beispiel:

Du besuchst ein Seminar bei uns zur Heilung des Inneren Kindes. Du erkennst, wie oft du aus dem Kind heraus handelst, du bekommst Werkzeuge, um es zu beschützen, viele Ideen und Meditationen. Deine ursprüngliche Absicht war, im Beruf nicht mehr so empfindlich zu sein und dich auch in deiner Beziehung sicherer und stabiler zu fühlen, vielleicht steht sie auf der Kippe. Nun kommst du nach Hause, überprüfst die Werkzeuge und entscheidest dich, drei Themen anzugehen.

Wie kannst du dein Wissen nun umsetzen?

Inventur: Drei Themen:

Ich möchte, wenn ich einen Vortrag halte, weniger nervös und ängstlich sein.

Ich will, wenn ich mit meinem Liebsten spreche, erwachsen reagieren und bei mir bleiben.

Ich will selbstbestimmter leben und auch mal Nein sagen können.

To-do-Liste:

Ich schicke mein Inneres Kind in den schützenden Zaubergarten, bevor ich einen Vortrag halte: Meditation üben und mir eine Erinnerung für Vortragstage in den Kalender schreiben.

Ich nutze die Technik des Redestabes, wenn ich mit meinem Liebsten spreche. Ich achte darauf, dass mein Inneres Kind nicht an seinem Hosenbein hängt, sondern bei mir steht, und ich gebe es, wenn nötig, in die Obhut seines Schutzengels, damit mein innerer Erwachsener die Hände frei hat: Redestab besorgen; mir Zeit nehmen, bevor ich ein wichtiges Gespräch führe; darauf achten, dass das Innere Kind wirklich versorgt ist, und immer wieder innerlich überprüfen, ob es noch in den Armen des Schutzengels ist! Sonst: Auszeit erbitten und für mich sorgen.

Wenn ich Nein sagen will, dann stelle ich mich in eine Lichtsäule und verspiegele sie, ich stelle mich in eine goldene Acht, und ich übe zu Beginn mit Menschen, die mich nicht allzu sehr berühren und mir nicht allzu nahe sind. Erster Schritt: Morgen am Telefon – goldene Achten malen und mir eine Zeit festlegen, wie lange ich zur Verfügung stehe.

Du schreibst dir also ganz konkret auf, was du tun willst, wie du dich an die Werkzeuge erinnern willst und wann du dir selbst Zeit einplanen solltest, um zu üben, sie anzuwenden. Denn sonst verlierst du sie im Alltag, weil du sie noch nicht geübt hast.

Loslassen und vertrauen

Du hast in deinem Seminar eine Menge gelernt – doch vieles, sehr vieles ist geschehen, ohne dass du es bewusst erlebt hast. Einiges kannst du nicht greifen, obwohl du spürst, es ist da. Doch weil es nicht greifbar ist, weißt du natürlich auch nicht, wie du dir diese Energie zunutze machen kannst.

Hier brauchst du ein ganz besonderes Werkzeug: Vertrauen in das Leben selbst. Das Leben will dich. Du bist ein Teil der allumfassenden, alles durchströmenden Energie, und diese Energie wirkt auch dann, wenn du dir ihrer nicht bewusst bist. Sie wirkt durch Ideen, Impulse, Einfälle; sie wirkt, indem du Dinge auf einmal anders machen willst als bisher; du siehst Dinge aus einem anderen Blickwinkel. Diese Energien wirken – du kannst sie nicht bewusst in Taten umsetzen, aber du kannst eine Menge tun, damit sie wirken können. Du kannst nämlich ERLAUBEN, dass sie wirken. Indem du deinen Impulsen folgst, auch wenn du nicht weißt, wohin sie dich führen, gibst du dem Neuen in dir Raum. Indem du dir erlaubst, die Dinge einmal anders zu sehen, neuen Einfällen Gehör zu schenken, dich auf dich selbst neu einzulassen, veränderst du dich. Daher ist das Geschehenlassen von Ungewohntem nach einem Seminar so wichtig, denn du weißt nicht, wie sich die Energie in die Tat umsetzen lassen, auf welche Weise sie dein Leben verändern will. Und ja, das erfordert Mut, denn deine übliche Kontrolle dient dir hier nicht, du kannst nichts tun, sondern musst geschehen lassen. Du wechselst vom männlich-aktiven Modus in die weibliche Hingabe. Doch auch diese Hingabe ist alles andere als passiv. Du schaust genau hin, fühlst, ob sich das, was neu ist, gut anfühlt. Du weißt noch nicht, wie sich dieses Neue manifestiert, welche Form es annimmt, aber du weißt, ob etwas stimmig ist oder nicht, ob du gut atmen kannst, ob sich etwas in dir entspannt und weitet oder ob es eng wird und sich aufgesetzt anfühlt, nicht zu dir passt.

Hier sind die häufigsten Fragen, die mir dazu gestellt wurden:

Woher nehme ich nun das Durchhaltevermögen, den Willen, die Kraft und die Lust, auch am Thema dranzubleiben? Oder die Zeit für die tägliche Meditation?
Auch wir Seminarleiter haben nicht immer Lust, uns mit unserem Prozess auseinanderzusetzen, auch wir meditieren nicht alle täglich. Letztlich ist die Beschäftigung mit dir selbst, wie alles andere auch, eine Frage der Gewohnheit. Immer wenn du dir eine neue Gewohnheit antrainierst, brauchst du viel Energie und Zeit, denn dein gesamtes System muss sich umstrukturieren. Es ist sehr

hilfreich, mit einem täglichen Ritual zu beginnen – zu einer festgelegten Zeit zu schreiben, einen Spaziergang zu machen, wild zu tanzen, eine Yogaübung zu halten, eine Teezeremonie oder was immer dir guttut. Doch sei nicht allzu streng mit dir selbst, und lasse dir vor allem helfen. Vielleicht brauchst du immer mal wieder einen Energieschub, das ist ganz normal. Also besuche Meditationsgruppen, buche ab und zu eine Einzelsitzung, eine Massage oder ein weiteres Seminar. Hier gilt dasselbe wie immer: Bleibe dran! Wenn wir aufhören, uns mit uns selbst zu beschäftigen, dann geschieht dies oft aus dem Grund, dass wir enttäuscht sind, weil die Ergebnisse auf sich warten lassen oder wir nicht das erreichen, was wir wollen. Prüfe also, ob dir das, was du für dich tust, auch wirklich Spaß macht, ob es dir dient und ob es zielführend ist. Sonst nutzt es dir nichts, und dann ist es kein Wunder, dass du keine Lust mehr hast. Sich mit sich selbst zu beschäftigen soll keine lästige Hausaufgabe sein, sondern es darf und soll Spaß machen und dir Kraft geben!

Darf ich die Übung auch abändern, sodass sie für mich stimmiger ist, oder verliert sie dann die Wirkung?

Das hängt natürlich von der Übung ab. Wenn du einen Apfelkuchen backen willst und du tauschst das Obst aus, dann bekommst du etwas anderes. Doch im Allgemeinen darfst du das tun. Schaue nur bitte genau hin, ob du es dir leichter machen willst, also ob du dich vor einer Hürde drückst, deren Überwindung wichtig und richtig wäre, oder ob die Übung tatsächlich nicht ganz stimmig für dich ist. Im Zweifelsfall frage den Seminarleiter. Wenn er nicht narzisstisch veranlagt ist und deshalb darauf besteht, dass sein Wort in Stein gemeißelt ist, dann wird er dir eine für dich nachvollziehbare und stimmige Antwort geben, egal, ob ja oder nein. Wenn dir eine Übung wirklich nicht stimmig erscheint, dann lasse sie weg oder finde eine andere – aber, noch einmal, denn das ist wichtig, drücke dich nicht vor einer Schwelle. Suche dir in diesem Fall lieber Hilfe.

Was mache ich, wenn mir die Erkenntnisse aus dem Seminar im Alltag total weltfremd vorkommen?

Dann hat dein innerer Zensor ganze Arbeit geleistet. Denn das, was du im Seminar für dich erkannt hast, kam ja auch aus dir heraus und war somit Teil deiner Welt. Überprüfe bitte, ob es dir wirklich weltfremd vorkommt oder ob du eine zynische innere Stimme hörst, die womöglich gar nicht deine eigene ist. Lasse dich nicht aus deinem inneren klaren und friedlichen Zustand bringen. Du hast hart dafür gearbeitet, diese Erkenntnisse zu erlangen. Wenn irgendjemand deine Erkenntnisse anzweifelt, dann grenze dich energisch ab, und schütze dich selbst und das, was du für dich als wahr erkannt hast.

Der Protest und die Abwehr, die du erlebst, wenn du dich veränderst, sind immer stark, und manchmal kommen sie aus dem eigenen Inneren. Jeder, der seinen eigenen Weg geht, bekommt den Gegenwind derer ins Gesicht geblasen, die es sich gern auf Kosten anderer bequem machen, selbst wenn das ein eigener innerer Teil ist, der Angst vor Veränderungen hat. All die, die sich gern an dich anlehnen und von deiner Energie profitieren, werden dich bremsen und versuchen, dir deine Wünsche und Träume auszureden. Erlaubst du das? Bist du so entmutigt oder zynisch geworden, hat dich das Leben so sehr enttäuscht oder verletzt, dass du nicht mehr an deine Träume glaubst? Der einzige Unterschied zwischen jemandem, der seine Träume lebt, und jemandem, der es nicht tut, ist, dass der erfolgreiche Träumer immer weitergemacht hat. Er hatte es sicherlich auch nicht leichter als du. Aber er nahm sich ernst und gab nicht auf. Wünsche und Träume auf der Erde zu verwirklichen ist weder romantisch noch leicht. Es ist, wie alles, Arbeit, und es braucht Zeit. Du entscheidest, was du glaubst und was nicht und welcher inneren Stimme du folgst, das gehört zum Reifeprozess. Ein Teil von dir findet das, was du für dich erlebt hast, albern? Soll er. Als Handlungsgrundlage aber taugt er absolut nicht, er hat nur Angst, Verantwortung zu übernehmen, und gehört womöglich gar zum Inneren Kind, das nicht bestraft werden will, wenn es Fehler macht.

Was ist, wenn mich ein Seminar so aufgewühlt hat, dass es mir schlecht geht?
Dann suche dir bitte Hilfe. Es kann gut sein, dass sich Themen zeigen, die bearbeitet werden wollen. Ein Seminar ist immer der Beginn von etwas. Durch das Seminar hat sich deine Energie erhöht, und dadurch siehst du deutlicher, in welchen Lebensbereichen Not herrscht, wo etwas verdrängt oder unterdrückt wird. Du hast in dem dunklen Keller, den du bislang vielleicht höchstens mit einer flackernden Kerze betreten hast, Flutlicht angeschaltet, und nun ist es an der Zeit aufzuräumen. Das Seminar kann nur das Licht anschalten und dir ein paar Hinweise und Werkzeuge geben, den Keller aufräumen musst du selbst. Aber auch dabei darfst du um Hilfe bitten, deine geistigen Führer und Lehrer sowieso, aber auch hilfreiche Freunde und Therapeuten. Es ist wirklich wichtig, zu verstehen, dass nach dem Seminar nicht alles auf einmal super ist, sondern dass dadurch Prozesse in Gang gebracht werden, die im Alltag, in deinem gelebten Leben, umgesetzt werden wollen und müssen. Und oft genug brauchst du dabei zunächst Hilfe.

Soll ich mich trauen, den Seminarleiter noch einmal zu kontaktieren, wenn ich Fragen habe?

Das sprich bitte mit dem Seminarleiter selbst ab. Wir zum Beispiel sind so eingespannt, dass wir gar keine Zeit haben, E-Mails ausführlich zu beantworten, und viele Fragen sind eher verdeckte Coachingwünsche. Aber ganz sicher kannst du immer per E-Mail anfragen, ob du Fragen stellen darfst. Das Sinnvollste ist, wenn du schon während des Seminars fragst, wie du mit eventuellen Fragen danach umgehen sollst. Dein Seminarleiter wird dir Möglichkeiten anbieten zu bekommen, was du brauchst.

Erwarte bitte keine Wunder. Egal, wie effektiv und brandneu eine Methode auch sein mag, am Ende gehen wir alle den gleichen Weg: Wir müssen das, was wir gelernt haben, in die Tat umsetzen und den Gesetzen von Zeit und Raum gehorchen. Es gibt keine Abkürzung, kein spirituelles Brausepulver, das du trinkst, und alles ist gut. Zumindest machen wir immer wieder diese Erfahrung. Schaue in die Pflanzenwelt: Geputschte, schnell wachsende Pflanzen sind weniger widerstandsfähig und viel empfindlicher als solche, die langsam und in der angemessenen Zeit reifen. Warum? Weil Letztere viele Erfahrungen mit Umweltbedingungen gemacht haben und sich entsprechend auf viele Eventualitäten einstellen können. Willst du wirklich wachsen und reifen, so übernimm die Verantwortung für deine Reifung. Sich Zeit zu nehmen gehört untrennbar zum Reifeprozess dazu, das ist die Basis. Dir selbst den Raum zu verschaffen, den du brauchst, um etwas Neues in dein Leben hineinzubitten, ist wahrscheinlich die größte Herausforderung, doch genau hier liegt das größte Wachstumspotenzial.

Hier einige spannende Anregungen unserer Seminarteilnehmer:

- »Ich mache einen echten Feuerlauf, damit übe ich, mein eigenes Feuer zu meistern. Einmal sollte jeder durch das Feuer gelaufen sein, dann kann man viel besser für sich selbst sorgen.«
- »Bei mir kommt es immer darauf an, was sich gezeigt hat. Und ich höre dann auf meine innere Stimme, die mir sagt, was ich brauche. Schlaf, Ruhe, Freunde. Meist ist es so, dass ich erst einmal alles wirken lasse und nicht viel darüber reden möchte. Ich lasse alles fließen, was fließen mag. Der Körper und die Seele entscheiden für sich selbst, was jetzt angesagt ist. Und oft setze ich gar nichts um, denn dadurch, dass ich es fließen lasse, setzt sich alles von selbst um. Das ist ein wahres Geschenk. Ich finde es schön, mich dann nicht anstrengen zu müssen.«
- »Ich kann dazu nur ganz platt sagen: Einfach machen! Und auch nicht lange erklären. Tun. Punkt,

aus! Man muss sich nicht für alles rechtfertigen, aber auch das muss man ganz besonders als Frau erst lernen.«

- »Ich schaue, dass sich so wenig Termine wie möglich in meinem Kalender häufen, damit ich Zeit für Spontanes habe. Und wenn sich dann doch einmal Termine ansammeln, dann trage ich Termine mit mir selbst in die Agenda ein. Ich gönne mir zum Beispiel den Luxus, meine kleine Tochter einmal in der Woche einen Nachmittag zu einer Tagesmutter zu bringen, damit ich ein paar Stunden nur für mich selbst genießen kann. Das ist sehr wichtig für mich.«
- »Ich übe mich darin, mir abzugewöhnen, mich anderen gegenüber zu rechtfertigen. Ich muss nicht immer erklären, warum ich mich vielleicht gerade mal gehen lasse – ich tue es einfach. Im Alltag merke ich oft nicht, wie angespannt ich bin, wie verspannt meine Schultern sind. Entschleunigung ist das, was ich immer wieder in mein Bewusstsein hole. Ich lehne mich öfter mal zurück, konzentriere mich aufs Atmen, und dann, beim tiefen Atmen, entspannen sich auch meine Schultern wieder ... einfach loslassen – und vor allem auch Verantwortung abgeben. Ich bin nicht für alles und jeden um mich herum verantwortlich. Und ich konzentriere mich darauf, mehr auf den Bauch als auf den Kopf zu hören. Wenn mir etwas widerspricht, zum Beispiel eine lärmende Baustelle, sagt

der Kopf: ›Komm, spar Zeit, lauf dran vorbei.‹ Mein Bauch empfindet das aber gerade als extrem stressig, also mache ich lieber einen Umweg für die Seele. Es ist ganz wichtig, sich diese Zeit zu nehmen. Ach so: Und seit ich die Methode der ›Lichtsäulen-Meditation‹ kenne, kann ich mich immer geistig in die Lichtsäule stellen – das klappt immer direkt.«

- »Da ich eine kleine Tochter habe, nehme ich mir morgens, bevor sie aufsteht, Zeit für mich – erst ein bisschen Yoga, dann verbinde ich mich mit Mutter Erde und anschließend mit meinem Herzen und frage nach einem Impuls für den Tag.«
- »Ich lasse erst mal alles liegen und gehe eine Runde spazieren, dann frage ich mich: ›Was ist wirklich das Allerwichtigste für heute?‹ Damit fange ich an, der Rest geht dann fast wie von selbst.«

Letztlich kommst du um das »Machen« nicht herum. Irgendwann will das, was in dir wächst, geboren werden, sichtbar sein, es will in Wechselwirkung mit dem Rest deines Lebens treten. Es braucht Kühnheit und Mut, sein Leben selbst zu gestalten, und es braucht Vertrauen, dass alles, was zu dir gehört, bei dir bleibt, wenn du ehrlicher und wahrhaftiger wirst. Ich weiß nicht, wie ich dir Mut machen soll, deine Wahrheit zu leben, etwas in die Tat umzusetzen und für dich selbst durchs Feuer zu gehen. Denn das ist es, was deine Seele von dem Menschen, der du bist ... »wünscht« wollte ich zuerst schreiben, doch ich spüre: fordert.

Ich kann dir nur sagen, es lohnt sich, den Weg zu sich selbst zu gehen. Die Freiheit, die Liebe, die Freude und die innere Klarheit, die sich einstellen, wenn du wahrhaftig wirst, sind unbeschreiblich. Aber auch dann wird immer etwas schiefgehen, du wirst vom dem, was ist, immer wieder herausgefordert werden. Es ist nicht alles leicht, wenn du auf deinem Weg bist. Ich fände es hinterhältig, dir Märchen vom spirituellen Paradies zu erzählen, um dich auf deinen Weg zu locken. Es ist kein himmlisches Paradies. Es ist besser. Es ist dein einzigartiges, kostbares Leben auf der Erde.

Neulich bin ich während eines Interviews gefragt worden, welcher mein wichtigster Satz sei, was ich den Menschen, wenn ich sie alle erreichen könnte, mitteilen würde.

Ich war selbst überrascht. Es ist: Carpe diem. Nutze den Tag. Und ich möchte noch hinzufügen: für das, was du liebst.

Eine Frage erreichte mich, die ich sehr spannend finde, auch wenn ich hoffe, ihr braucht die Antwort drauf nie anzuwenden:

»Wie gehe ich mit den Erkenntnissen aus einem Seminar um, wenn sich in der Folgezeit eine Distanzierung zum Seminarleiter ergibt und man diesen zunehmend kritischer beurteilen muss? Wie geht man damit um, wenn man merkt, dass ein Seminarleiter immer die eigenen Themen mit einbringt (anderen überstülpt) und er letzten Endes hauptsächlich charismatisch und manipulierend ist? Was sind Anzeichen für ein ungesundes Verhältnis zwischen ›Heiler‹ und ›Anhängern‹? Wie ist das Erlernte nach der Distanzierung zu beurteilen; hat man dann nur die eigenen Mängel erkennen müssen, oder macht man so oder so einen Sprung nach vorne?«

Tja. Ich möchte eigentlich gar nicht darüber schreiben, wie du mit einem unangemessenen, manipulierenden Seminar umgehst, aber natürlich gibt es das auch. Gerade, wo wir so nett darüber reden, fällt mir ein, dass ich selbst auch einmal eines erlebt habe: meine erste Familienaufstellung mit über dreißig Leuten, die mich tief verletzt und verunsichert hat. Ganz ehrlich? Das war einfach großer Mist. Ich muss es so sagen. Ich habe lange gebraucht, mich davon zu erholen, und ich habe mir Hilfe bei Therapeuten, denen ich vertraue, gesucht, um mich zu sortieren – nachdem ich gemerkt hatte, dass mir das Ganze nicht gutgetan hat. Das war etwa zwei Jahre später.

Zunächst einmal: Sieh es als positive Entwicklung, dass du nun erkannt hast, was dir nicht gutgetan hat, denn offensichtlich hast du es damals nicht bemerkt und warst demnach unbewusster. Du kannst sehr wohl das, was dir gefallen, was dir gedient hat, herausziehen und das, was nicht stimmig ist, von dir weisen. Es ist eine Art Aschenputtel-Aufgabe, die da auf dich wartet, und dementsprechend darfst du auch damit umgehen: Bitte die Kräfte deines Vertrauens darum, dir dabei zu helfen, »die Guten ins Töpfchen und die Schlechten ins Kröpfchen« zu sortieren. Hattest du einen charismatischen Seminarleiter, dem du wider besseres (jetziges) Wissen geglaubt hast, dann hast du etwas gelernt. Du wurdest verführt und bist mit Sicherheit daran gereift. Beim nächsten Mal erkennst du Verführung schon von Weitem. Weißt du, ich denke, wir können getrost davon ausgehen, dass auch diese Erfahrungen zu deinem Weg gehören und dich weiterbringen, auch wenn sie natürlich sehr ärgerlich und verletzend sein können (und es keine Rechtfertigung für manipulierende Seminarleiter gibt!).

Eines ist mir wirklich wichtig: Schlafe bitte NIE mit einem Seminarleiter. NIE! Es ist immer äußerst ungesund, und du wirst immer ausgenutzt. Wenn ein Seminar zu Ende ist und ihr euch nach einigen Wochen erneut auf privater Ebene trefft, neu entscheidet, dann werdet glücklich. Aber solange du in der Rolle eines Klienten bist, erkennst du unseriöse Seminarleiter einfach daran, dass sie die Grenzen und deine emotionale Freiheit nicht beschützen.

Ein Seminarleiter ist unseriös, wenn er ...

- ★ dir deine eigene Meinung abspricht.
- ★ vehement Ansichten vertritt, die seinem eigenen Lebensstil dienen, obwohl du dabei ein ungutes Gefühl hast.
- ★ dir sagt, du seiest noch nicht so weit, sobald du ein ungutes Gefühl hast.
- ★ seine persönliche Neutralität aufhebt und unangemessene persönliche, womöglich gar sexuelle Beziehungen innerhalb der Gruppe eingeht.
- ★ dir abrät, jemand anderen als ihn um Rat und Hilfe zu bitten, oder gar sauer wird, wenn du auch andere Seminare und Ausbildungen besuchst.

Ich habe euch gefragt, was ihr für unseriös haltet, damit ihr es überhaupt erkennt und eurem Gefühl vertrauen lernt:

»Ein Seminarleiter sollte immer sachlich bleiben und nie sagen, dass etwas so und nicht anders ist – gerade auf spirituellem Gebiet! Auf akademischem Gebiet oder bei gewissen Basics geht das vielleicht noch, bei schamanischen Reisen zum Beispiel hört bei mir der Spaß jedoch auf, wenn mir einer erzählen will, dass etwas so oder so zu sein hat. Jeder erlebt Spiritualität anders und zwar so, wie die Geister (Spirits) meinen, dass es gut für einen ist!«

Unseriös ist es, wenn ...

- »... jemand deine von Herzen getroffenen Entscheidungen kritisiert.«
- »... jemand seine Gaben wie sauer Bier anbietet, Demut vor seinen Gaben vermissen lässt.«
- »... sich jemand zu stark in den Mittelpunkt rückt und mit allen Mitteln versucht, der Größte zu sein und über den anderen zu stehen – eine Erfahrung, die ich in einer spiritistischen Gruppe machen durfte. Am Ende eines Abends wurden die Erlebnisse der einzelnen Teilnehmer diskutiert, und wenn der große Guru etwas nicht mitbekommen hatte, dann wurde man vor den übrigen Teilnehmern als Lügner hingestellt, was natürlich zur Folge hatte, dass niemand mehr über seine Erlebnisse sprach. Lediglich der Gruppenführer konnte sich im Glanze des allgemeinen Staunens sonnen.«
- »... Seminare Kraft kosten, und mit Kraft meine ich hier Lebensenergie! Gute Seminare laden mich auf.

Ein gutes Seminar, bei dem ich persönlich etwas mitnehme, stärkt mich. Es gibt mir Kraft, ich ziehe einen Nutzen daraus, nehme etwas für mich mit. Für mich persönlich ist es ein No-Go, wenn der Seminarleiter oder Vortragende nicht authentisch ist! Ich war einmal auf einem Seminar, da ging es um die Energie der Wünsche. Der Autor kam und erzählte als Erstes, dass er fast zu spät gekommen wäre, weil er keinen Parkplatz bekommen hat. Ich fragte mich nur, was der mir über das Wünschen erzählen wollte, wenn er sich nicht einmal einen Parkplatz manifestieren konnte. In der ersten Pause habe ich den Vortrag verlassen.«

- »... ich höre, was ich tun sollte, um ›heil‹ zu werden, und mir das Gefühl vermittelt wird, er/sie will damit sagen ›Ich weiß es besser als ihr alle, und ich bin schon da‹. Da werde ich total wütend.«
- »... das Ego eines Seminarleiters mit ihm durchgeht. Einer Freundin ist da mal was passiert. Jeder sollte sich nach einer Übung einen neuen Platz suchen. Sie hat sich nur einen Stuhl weiter gesetzt, was der Seminarleiter nicht mitbekommen hat. Er behauptete, sie hätte den Platz nicht gewechselt und hat die gesamte Gruppe nicht in die Pause gehen lassen, weil er sie zwingen wollte, sich woanders hinzusetzen. Sie hat darauf bestanden, dass sie den Platz gewechselt hat, und er hat sich aufgeführt wie ein Kleinkind.«

- »... mir der Seminarleiter selbst nicht einmal in die Augen sehen kann und meinem Blick ständig ausweicht.«
- »... die Demut fehlt – vor diesen wunderbaren Seminarteilnehmern, vor jeder vollkommenen Seele, die auf IHREM Weg ist. «
- »... die größte Kraft, die es gibt, die göttliche, nicht mit ins Seminar mitgenommen und IHR nicht die Leitung übertragen wird.«
- »... streng nach Konzept vorgegangen wird und die Gruppenschwingung/das Gruppenthema (das sich fast immer ergibt) überhaupt nicht wahrgenommen und geachtet/wertgeschätzt wird.«
- »... Humor und Lachen fehlen, weil vielleicht die Meinung vorherrscht: Das gehört in kein Seminar!«
- »... die Aussage getätigt wird, dass man sich nach einer bestimmten Zeit noch einmal melden muss bzw. Geld dafür bezahlen soll, damit das eintreffen kann, was man sich wünscht oder manifestiert hat – nach dem Motto: Du musst weitermachen, sonst wird das nichts.«

Das sind viele Kritikpunkte, die vielleicht nicht alle unter »unseriös« einzuordnen, aber dennoch wichtig und erwähnenswert sind. Ich lasse sie unkommentiert stehen. Das ein oder andere mag dich nicht stören, aber es ist sinnvoll, genauer hinzuschauen, wenn dein Seminarleiter einige dieser »Symptome« zeigt.

Bleibe immer bei dir – das ist schwierig, ich weiß. Einerseits solltest du dem Seminarleiter vertrauen und etwas von ihm annehmen, andererseits solltest du die Verantwortung für dich selbst behalten und dich eben nicht ganz fallen lassen.

Sei beruhigt, die große Mehrzahl der Seminarleiter ist vertrauenswürdig. Das erkennst du ganz einfach daran, dass sie dir auf deine Fragen vernünftige Antworten geben, die du nachvollziehen kannst. Sie hauen dir nicht einfach ihren Erfahrungsschatz um die Ohren und verlangen von dir, dass du alles annimmst und nichts hinterfragst. Wenn jemand eine andere Meinung zulässt, ohne dich zu verurteilen oder zu beschämen (auch wenn er im Seminar vielleicht schon aus Zeitgründen nicht darüber diskutieren möchte, so erkennt er doch deine Ansicht als für dich stimmig an), dann kannst du getrost vertrauen. Wenn dich jemand auf gute Weise so sein lassen kann, wie du eben bist, dir die Freiheit gibt, zu nehmen, was für dich passt, und den Rest liegen zu lassen, dann kannst du getrost vertrauen.

Es gibt keine Dogmen. Es gibt nichts, das so und nicht anders ist, sondern wir sind alle auf dem Weg, wir alle sind Forscher und Wissenschaftler.

Wie es auch in der Wissenschaft keine endgültig gesicherten Erkenntnisse gibt, so ist es auch auf dem spirituellen Weg. Möchte dich jemand vom Gegenteil überzeugen, dann will er dir deine Selbstbestimmung nehmen, und er wirft dir damit ein Machtthema vor die Füße.

Bist du darauf hereingefallen, so vergib dir selbst, und suche dir Hilfe, damit du dich neu sortieren kannst. Besonders wichtig ist es, im Nachhinein zu erkennen, was dich so sehr angezogen hat und wann dein ungutes Gefühl begann, damit du daraus lernen kannst. Vielleicht war es dein Inneres Kind, das so gern einen Vater oder eine Mutter gehabt hätte, sodass es alles geglaubt hat, vielleicht war es auch ein Teil in dir, der sich selbst nicht vertraut – ganz egal, lasse es los, komme in Frieden, und nimm dir das, was dir hilfreich ist. Besonders die Erfahrung, beim nächsten Mal auf bestimmte Schlüsselreize nicht mehr hereinzufallen!

Wenn dir die Lebensweise eines Seminarleiters nicht gefällt, so kann seine Botschaft dennoch stimmig für dich sein. Denn so wenig, wie du dir wünschst, verurteilt zu werden, so wenig weißt du auch, in welchen Schuhen dein Seminarleiter geht. Vorsichtig solltest du allerdings immer dann sein, wenn er nur seines gelten lässt.

Ganz wichtig ist es, dass du deine eigene Absicht erkennst. Wenn du aus egoistischen Motiven ein Seminar besuchst, zum Beispiel ein allzu wuchtiges Wunschseminar, dann bekommst du auch genau diese Energie gespiegelt. Oft zieht die eigene Absicht den Seminarleiter an, der dir diese Energie spiegelt. So überprüfe deine eigene Energie, oft ist das Außen ein Spiegel für das, was du selbst wahrscheinlich unbewusst beabsichtigst ...

Du hast nun einiges über das Seminar selbst und über dich gelesen, und ich hoffe, es hat dir gedient. Doch du kommst nach einem Seminar ja auch in dein soziales Geflecht zurück. Sicher könntest du viel mehr umsetzen, wären da nicht die Kinder, die Nachbarn, der Partner, die Arbeitskollegen ...

Ich komme klar – aber die anderen nicht!

Du kommst heim, bist hoffentlich sehr erfüllt von all den Energien – und zu Hause ist alles wie immer. Die Gefahr, energetisch in ein Loch zu fallen, ist riesig, besonders, wenn dich dein Partner oder deine Familie auf deinem Weg nicht unterstützt. Du wirst nicht darum herumkommen, dir Räume zu erschaffen, um das, was dir wichtig ist und immer wichtiger wird, zelebrieren, ausleben, üben zu können. Ich würde dir gern einen Trick verraten, mit dem du dein »altes Leben« aufrechterhalten und dennoch die für dich neuen Informationen und die neuen Energien nutzen kannst, aber ich kenne keinen. Es mag hilfreich sein, dich selbst zu fragen, woher du das Gefühl, nicht unterstützt zu werden, kennst, welcher Spiegel dir da also womöglich gerade vorgehalten wird.

Übung

Dazu schließe die Augen, und atme, lasse dich fühlen, was in dir geschieht.

Bitte darum, dass sich dir innere Bilder oder Erinnerungen zeigen, in denen du dieses Gefühl bereits erlebt hast, sei es als Kind oder als Erwachsener. Vielleicht hast du es gar selbst bei anderen verursacht und bekommst hier die Quittung.

Lasse dich diese vergangene Situation noch einmal erleben, und dann stelle dir vor, du gehst als der Erwachsene, der du jetzt bist, während du das liest, mit hinein in diese Situation. Tue das für dich, was damals hätte getan werden sollen, sei dir selbst Unterstützung, wehre dich, sei für dich selbst da. Wenn du anderen Unterstützung verwehrt, sie beschämt hast, dann mache es jetzt wieder gut, indem du um Vergebung bittest und die Situation in Gedanken jetzt änderst.

Du kannst dein emotionales Erleben jederzeit ändern, indem du dir selbst neue emotionale Erfahrungen verschaffst. Und weil sich das Spiegelgesetz in erster Linie auf Emotionen bezieht, kannst du fast alles wiedergutmachen, indem du noch einmal in diese Situation hineingehst und sie anders handhabst. Dadurch wird deine Amygdala umprogrammiert, und du ziehst andere Energien an.

Es könnte also sein, dass dich deine Umgebung dazu nötigt, dich jetzt durchzusetzen, gut für dich zu sorgen und das, was dir offensichtlich so wichtig ist, da du Zeit und Geld dafür aufgebracht hast, zu schützen und zu hüten. Auch das gehört zum Lern- und Entwicklungsprozess: Übernimm Verantwortung dafür, dass du diesen Weg gehst, und erlaube nicht, dass du niedergemacht oder beschämt wirst.

Es ist gut möglich, dass du dich während des Seminars verändert hast. Deine Energie ist eine andere geworden, und deine Familie erkennt dich nicht mehr, spürt dich auf einmal anders. Dadurch wird jeder verunsichert. Je deutlicher und aufrichtiger du mit der Situation umgehst, je eindeutiger du deiner Familie mitteilst, was du willst, was sich ändert, aber auch und besonders wofür du nach wie vor zur Verfügung stehst, desto besser kann sie mit der Situation umgehen. Fange bitte jetzt nicht an, deine Familie zu therapieren, DU hast das Seminar besucht, DU veränderst dich, es ist verständlich, dass die anderen verunsichert sind und auch nicht gleich mitziehen wollen.

Sei einfach bei dir, sage deine Wahrheit, und sei verlässlich, zeige ihnen, dass du nach wie vor als Mutter, Vater, Frau oder Mann zur Verfügung stehst. Gib ihnen eine Chance.

Stößt du auf echte Beschämung, auf echte Verurteilung seitens deines Partners, wirst du auf die Dauer gehen müssen, befürchte ich. Aber dann gehört das zu deinem Weg, und dann bist du sowieso in einer ungesunden Beziehungssituation. Ich weiß, das schreibt sich leicht, aber den Weg zu sich selbst zu gehen, hat seinen Preis. Du brauchst den Mut, dir selbst treu zu sein.

Halbherzigkeit, Selbstaufgabe, ungesunde Anpassung – all das kannst du irgendwann nicht mehr verantworten.

So zeige dich mit dem, was dir wichtig ist, sprich es offen aus, und sage deiner Familie, was du dir wünschst. Sei ganz besonders offen für ihre Befürchtungen, nimm sie ernst, sie waren nicht mit dir im Seminar und wissen nicht, ob du nicht heimlich, still und leise den Rückzug antrittst. Je verfügbarer du bist, damit meine ich, je weniger Heimlichkeiten du pflegst, je freier du für sie da bist, desto entspannter können sie dich in den für dich wichtigen Bereichen deinen Weg gehen lassen. Sie wollen meistens nur wissen, ob du sie noch liebst, denn natürlich hat jeder in deiner Familie seine Ängste und Unsicherheiten. Erwarte bitte nicht, dass auf einmal jeder toll findet, was du machst, auch wenn du noch so sehr davon überzeugt bist. Du gehst anderen nur dann wirklich auf die Nerven, wenn du sie zu missionieren versuchst. Lasse deines bei dir, und suche dir Menschen, mit denen du deinen neuen Weg teilen kannst. Auf die Dauer wird deine Familie erkennen, wie gut es ist, dass du bewusster, ausgeglichener und glücklicher wirst. Der Funke der Veränderung wirkt, sei dir dessen sicher, lasse ihm einfach ein wenig Zeit.

Wenn du ernsthaft beschämt und verurteilt, ausgelacht oder nicht ernst genommen wirst, dann wirst du wählen müssen zwischen der Treue zu dir selbst und deiner Beziehung zu deinem Partner, den Eltern, Freunden oder auch deinem Chef.

Da deine Beziehungen ein Teil deines Lebens sind und du deshalb die absolute Freiheit hast, sie zu verlassen, wenn sie dir nicht mehr entsprechen und sich nicht verändern lassen, wird dir diese Wahl hoffentlich nicht schwerfallen.

Es ist hilfreich, neue Verträge mit deiner Familie und deinen Freunden zu schließen. Denn letztlich geht es im Zusammenleben immer um das, was offen oder unausgesprochen vereinbart ist. Also lege deine Karten auf den Tisch: »Ich brauche ab sofort eine halbe Stunde Zeit am Tag für mich, und ich bitte euch, helft mir dabei, eine Lösung zu finden. Wie kann ich für euch da sein und mir dennoch Zeit für mich nehmen, was wünscht ihr euch?« Stelle diese Frage in deinen Worten denen, die es betrifft! Und erwarte eine aufrichtige Antwort. Dann brauchst du dich nicht drakonisch abzugrenzen und einen Kampf zu beginnen, sondern ihr findet gemeinsam eine Lösung. Es wird sowieso Zeit, dass ihr in eine echte, aufrichtige Kommunikation miteinander kommt, also fangt am besten gleich damit an.

Überfordere bitte deine Familie nicht, und übernimm Verantwortung für deinen Prozess – es ist nun einmal deiner. Verstehe: Du willst dich deiner Familie nahe fühlen, natürlich, am liebsten so nah, wie du es in diesem Seminar erlebt hast. Das ist dein Schmerz. Auch sie wollen sich dir nahe fühlen, deshalb bestehen sie darauf, dass du dich eben nicht veränderst. Ihr wollt das Gleiche, und wenn du das weißt, dann kannst du wieder mit den Augen der Liebe und des Mitgefühls schauen – auf deine Familie und auf dich selbst.

Vor ein paar Tagen gab ich ein Seminar, und eine Frau klagte darüber, dass ihre halbwüchsigen Kinder ihren Weg geradezu verteufel würden. Ihr Mann würde ihr vermitteln, sie hätte sie nicht mehr alle, und ihre Kinder würden das Wort »Engel« nicht mehr hören können. »Sie alle glauben«, sagte die Teilnehmerin, »dass ich in die Klapsmühle müsste.« Dann weinte sie. Sie hörte sich an wie ein Kind. Ich muss ehrlich sagen, bei allem Verständnis für ihren Schmerz, mir gefiel daran etwas nicht. Ich fragte sie ganz und gar kaltherzig: »Warum bereitet dir das Kummer?«, weil ich etwas ahnte. »Weil ich doch anerkannt werden will, das ist doch normal!«, sagte sie, und ich wusste, ich hatte sie verärgert und verletzt, das war mir sehr bewusst. Manchmal muss man als Seminarleiter auch eine Konfrontation aushalten, wenn sie der Sache dient. »Warum willst du anerkannt werden?«, fragte ich weiter, und ich wusste natürlich, wie das klang. Sie schwieg und fühlte sich sichtlich unverstanden. Doch das war nicht der Fall. Sie musste aber selbst darauf kommen. Ich hatte sie bewusst verärgert, damit sie aus ihrer altbekannten Opferrolle herauskam, wütend wurde und sich dadurch für eine neue Sichtweise öffnete. (Warum öffnete sie sich, als sie wütend wurde? Weil ihre Schmerzvermeidung versagte, denn üblicherweise erlaubte sich die Frau keine Wut. Ich konnte sie durch den Kontrollverlust für einen kurzen Moment berühren und sie in ihrer Wahrhaftigkeit erreichen. Dass sie sich überhaupt berühren lassen wollte, hatte ich ihr zugetraut.)

»Wer in dir weint denn so bitterlich und will anerkannt werden?«, fragte ich nun und klang hoffentlich ein wenig liebevoller, zumindest war das meine Absicht. Sie schwieg weiter, doch sie schaute mich immerhin an. Ich wusste, dass sie meine Arbeit mit dem Inneren Kind nicht kannte, sonst hätte sie verstanden, was ich meinte. »Schau«, sagte ich, »du veränderst dich. Das macht deinen Kindern Angst. Ihre Mutter redet auf einmal von Dingen, die neu sind, sie geht anders mit dem Leben um, das ist für deine Kinder sehr schwierig. Sie wissen nicht mehr, wer du bist, und brauchen einen Schuldigen, also sind es die Engel oder eben das, was neu in dein Leben gekommen ist. Weißt du, du bist die Mutter, nicht das Kind. Du kannst nicht von deinen Kindern erwarten, dass sie dich unterstützen. Deine Aufgabe ist es,

ihnen Halt zu geben, nicht umgekehrt. Es ist dein eigenes Inneres Kind, das Bestätigung braucht, und das darf es auch. Aber doch nicht von deinen eigenen Kindern!«
»Ja«, meinte sie, »das stimmt. Zumal ich meinen Mann verlassen habe, eben weil ich diesen Weg gehe. Und die Kinder sind bei ihm geblieben.«

Da musste ich schlucken. Was war bloß schiefgelaufen? Welche Seminare hatte sie besucht, wenn sie so wenig Mitgefühl und Verständnis für die Not ihrer Kinder aufbringen konnte, wenn ihr eigenes Inneres Kind noch immer so egoistisch und bedürftig (sprich: ungehütet) war, dass sie nicht sah, wie nötig ihre Kinder sie als Mutter brauchten? Wenn sie nicht erkennen konnte, wie ungebührlich es war, Anerkennung von ihnen zu fordern?

Wenn man nach sorgfältiger Prüfung die Familie verlassen muss, weil man spürt, der gemeinsame Weg passt nicht mehr, dann ist das nicht zu ändern. Aber wenn man, statt die Verantwortung zu übernehmen und zu tragen, Verständnis für den spirituellen Weg von den eigenen Kindern erwartet, die gerade dadurch eine Scheidung erleben, dann stimmt meinem Gefühl nach etwas ganz und gar nicht an dem, was man bisher gelernt hat.

Bei all dem, was du in Seminaren lernst, sind Selbstverantwortung und echte Reifung hoffentlich dein höchstes Ziel. Also übernimm die Verantwortung für das, was du in diesem Seminar lernst. DU veränderst dich, das macht den anderen Angst.

Du bist selbst lange genug vor deinen Themen zurückgescheut, oder? Und wer weiß? Kann es nicht sein, dass du all das, was du im Seminar gelernt hast, nun im praktischen, mitfühlenden Umgang mit deiner Familie anwenden solltest, eben damit dir die neue Sichtweise zur Gewohnheit wird? Natürlich, das betone ich noch einmal, erlauben wir nicht, dass wir abgewertet und kontrolliert werden. Doch wir kommen nicht drumherum, uns unser eigenes Verhalten anzuschauen. Denn oft genug sind die Reaktionen der Familie nichts anderes als die Antwort auf unsere eigenen, eventuell gar unangemessenen Forderungen an sie.

Reden wir über Schmerzvermeidung, es wird Zeit.

Eine sehr alte und hochwirksame Fähigkeit deines Gehirnes ist, Unliebsames und Unangenehmes zu vermeiden. Alles, was dir Unbehagen verschafft, signalisiert deinem nicht reflektierenden Emotionalgehirn »Gefahr«. Das ist auch sinnvoll, denn dein Emotionalgehirn will dich beschützen. Ist dir etwas zuwider, bereitet dir etwas Kummer, macht dir etwas Angst, so gibt es für dein Stammhirn verschiedene Möglichkeiten, auf die vermeintliche Bedrohung zu reagieren: Flucht, Angriff, Verteidigung oder Erstarrung. Das wissen wir, daran ist nichts neu. Aber wenden wir dieses Wissen auch an? Erkennen wir, dass genau diese Schmerzvermeidung wirken will, wenn wir uns unseren schmerzlichen Themen zuwenden?

Wenn du in ein Seminar gehst, dann fühlst du dich einigermaßen sicher, denn da vorn steht jemand, dem du dich anvertrauen kannst. Der Gehirnbereich, in dem die Schmerzvermeidung angesiedelt ist, bleibt ruhig, das Gefühl, in Sicherheit zu sein, trägt dich. Bist du dann aber wieder allein, so ist niemand da, der dich halten kann. Also blinkt dieser schmerzvermeidende Bereich auf und versucht, dich abzulenken.

Es braucht sehr viel Bewusstsein, um dich dennoch deinen Themen zu stellen und die Übungen weiterzumachen.

Nun stelle dir bitte vor, du warst gar nicht selbst in diesem Seminar, sondern dein Angehöriger kommt heim und hat auf einmal neue Ideen, braucht Zeit für sich, will unabhängiger werden, mehr Nähe erleben oder was ihm sonst noch so einfällt. Und natürlich will der Heimkehrer auch noch, dass du dir deine eigenen Themen anschaust, natürlich mit den Werkzeugen, die er gerade vermittelt bekommen hat. Die Liste seiner Forderungen ist lang, und er macht womöglich den Fortbestand der ganzen Beziehung von der Erfüllung dieser Forderungen abhängig.

Wie würdest du reagieren? »Ja, Schatz, warte einen Moment, ich gucke mir gleich selbst in den Kochtopf?« Und willst du das wirklich? Willst du deinem Partner zumuten, sich seinen Themen zu stellen, nur weil du es gerade tust? Hast du überhaupt dieses Recht? Du weißt, was es dich gekostet hat, deine Angst, die Scham und was weiß ich noch alles zu überwinden und dich auf deinen spirituellen Weg zu machen. Du brauchst einen guten inneren Halt, um dich deinen Themen zu stellen, sonst wird dich deine Schmerzvermeidung tunlichst vor dir selbst beschützen, und das ist auch gut so. Es ergibt keinen Sinn, sich radikal den inneren Themen zu stellen, wenn die Zeit dafür nicht reif ist, denn du brauchst die gewachsene innere Stärke, um das, was du in den Seminaren erlebst, auch zu verarbeiten. Gerade weil viele Therapieansätze und Werkzeuge sehr effektiv und wirksam sind. Die Seele weiß sehr genau, wann die Zeit für ihren eigenen nächsten Schritt reif ist. Und dann geht sie ihn auch. Es ist ein Zeichen von echtem Mitgefühl und echter innerer Reife, vom anderen eben nicht zu verlangen, dass er den Weg mitgeht. Widerspricht das nicht dem, was ich weiter vorn gesagt habe, nämlich dass du lernen darfst, dich abzugrenzen und deine Erkenntnisse umzusetzen? Nein. Denn es gilt »sowohl/als auch«. In diesem Kapitel werbe ich um Mitgefühl für die, die dich in deinem neuen Zustand »ertragen« müssen, weil sie mit dir leben.

Du veränderst dich. Ich kann nicht oft genau sagen: Das macht denen, die sich von dir abhängig fühlen, die dich lieben und brauchen, Angst.

Also reagieren sie mit Flucht, Angriff, Erstarrung oder Klammern. Je nach Typ verfallen sie in bestimmte innere Muster. Alexander Lowen, ein Schüler von Wilhelm Reich, unterscheidet fünf verschiedene Schmerzvermeidungscharaktere, und ich halte es für sehr hilfreich, diese Charaktere zu kennen. Nicht damit du dem anderen deine Erkenntnisse um die Ohren hauen kannst, entschuldige, wenn ich das so ausdrücke. Sondern damit du die höchsten spirituellen Disziplinen erlernen kannst: Mitgefühl, Achtsamkeit und Geduld.

Der schizoide Typ

Er zersplittert bei Angst und Überforderung in seine Einzelteile, spürt sich selbst nicht mehr, fühlt sich, als sei er in kleine Päckchen verpackt, die nichts miteinander zu tun haben, findet keinen Bezug zwischen den verschiedenen eigenen Aspekten. Bei Stress wird er kalt und rational und bleibt dabei üblicherweise hoch funktional.

Beim systemischen Aufstellen des Energiefeldes spüre ich Kopf und Schultern sehr aktiv, den Rest des Körpers nehme ich nicht wahr. Der Schizoide lebt sein Leben bei Stress aus der mentalen Kontrolle heraus, die Stirn und damit der Verstand sind sehr aktiv. Er neigt dazu, sich aus seinem Körper herauszulösen, oft ist er sehr spirituell – aber nicht geerdet.

Die Erlösung:

Das Element Erde. Bewusste Körperwahrnehmung über die Atmung, bewusste Erdungsübungen in Stille, Massagen, gestreichelt und in den Arm genommen werden: alles, was die Körperwahrnehmung auf ruhige und entspannende Weise stärkt. Es geht hierbei nicht um körperliche Aktivität, sondern um das Geschehenlassen und das innere Fließen – die Yin-Kraft, die Hingabe, will gestärkt werden. Sicher und freudig im Körper ankommen und von hier aus agieren, von hier aus den Himmel auf die Erde bringen – das ist die Herausforderung für den schizoiden Charakter.

Natürlich lässt ein Schizoider gerade das nicht zu, tut es zynisch als Kinderkram ab. Es gibt immer Wichtigeres zu tun, als sich selbst zu spüren. Doch wenn du weißt, dass Zynismus eine Stimme deiner Schmerzvermeidung ist, dann brauchst du ihr nicht mehr zu glauben.

Was fehlt?

Bewusstsein darüber, dass er alles fühlen darf, was er ist, egal, ob es anderen gefällt oder nicht, ja, sogar egal, ob es ihm selbst gefällt oder nicht. Der Schizoide ist sehr darauf gedrillt worden, zu funktionieren, alles Bedürftige und Unvollkommene (lasse uns jetzt keine Grundsatzdiskussion darüber führen, ob es Unvollkommenes überhaupt gibt, du weißt schon, was ich meine) in sich wegzusperren und abzuspalten. Er kann mühelos von einem als positiv erlebten inneren Bereich in den nächsten wechseln, aber es ist für ihn fast nicht möglich, sich selbst in seiner Gesamtheit wahrzunehmen. Oft glaubt ein Schizoider sogar, er müsse sich für einen Ausdruck seiner selbst entscheiden und dabeibleiben, er müsse sich als etwas definieren, und das ist es dann. Er darf lernen, sich selbst als vielschichtiges Wesen wahrzunehmen und zu lieben, ein Wesen, das vieles zugleich ist: stark und schwach, bewusst und unbewusst, liebevoll und grausam, effektiv und nachlässig.

Der orale Typ

Beim Aufstellen wird mein Kopf leer, nur die Augen sind sehr beweglich. Der orale Typ sammelt, wie ich es beim Aufstellen fühle, mit den Augen Energien ein. Er gibt nicht durch den Blick, befruchtet nicht, sondern saugt. Er ist auf seinen Vorteil bedacht. Die Schultern hängen, die Unterlippe schiebt sich vor, tendenzielle Opfergefühle. Keine Handlungsfähigkeit. Der orale Typ fordert, zieht, erpresst emotional, im Brustraum und im Herz ist deutlich Schwere spürbar. Die Arme und Hände sind schwer, ziehen nach unten. Der orale Typ saugt Energie von anderen, sucht sich seine »Opfer« und bezieht seine Lebensenergie von ihnen. Während der schizoide Typ aus seinem eigenen Kopf und seiner Kontrolle heraus lebt, nutzt der orale Stresstyp die Kraft von anderen. Orale Charaktere sind typische Energievampire.

Die Erlösung:

Aktivität. Tanz. Feuer. Yang-Energie, die für Handlungen und zielgerichtete, nach außen drängende Bewegung steht. Schütteln, dynamische Meditationen, bewusste körperliche Anstrengung. Pläne machen und umsetzen, in die Tat kommen, aus der energiesaugenden Bewegungslosigkeit heraustreten und die eigene Energie zum Ausdruck bringen, um sich selbst und den inneren Reichtum zu spüren.

Was fehlt?

Dem oralen Typ fehlt das Bewusstsein darüber, dass er eine ureigene, ihm innewohnende Kraftquelle hat, die er durch sein Handeln und die Umsetzung seiner Pläne anzapfen kann. Er braucht Erfolgserlebnisse, er muss spüren, dass er selbst die Quelle seiner Kraft ist, indem er handelt.

Wenn du der orale Typ bist, dann fange mit Kleinigkeiten an, hole dich selbst aus der Passivität, und verschaffe dir durch deine Handlungen Erfolg. Du bist tief entmutigt, weil dein Handeln erfahrungsgemäß nicht fruchtet, also lässt du das Feuer, deine Handlungsfähigkeit, deine Begeisterung, in dir erlöschen. Suche dir ein Ziel, ein kleines, von dem nichts abhängt, dessen Erreichung dir aber Freude bereitet, und fache dein inneres Feuer nach und nach wieder an.

Als oraler Typ hast du absolut keine Lust, dich anzustrengen, sprich, Verantwortung zu übernehmen, und du findest tausend Ausreden, warum deine Handlungen sowieso keinen Sinn ergeben. Doch das ist nur die Schmerzvermeidung, die dich in der bekannten Komfortzone halten will. Gehe raus, mache etwas, egal was, die Hauptsache ist, es nährt dein inneres Feuer und gibt ihm eine Ausrichtung.

Der psychopathische Typ

Die Energie spüre ich beim Aufstellen besonders in den Händen und im Kopf. Ich bewege den Kopf hin und her und habe alles im Blick. Doch im Gegensatz zum oralen Typus (der nur die Augen bewegt) sauge ich die Energie nicht ein, sondern kontrolliere sie. Ich dominiere, ich bin groß, ich stülpe mich mental über alles, ich habe alles im Griff. Ich erlaube nicht, dass etwas ohne meine Kenntnis und ohne mein Zutun geschieht. Ich spüre mich selbst über die mentale Macht, die ich ausübe. Ich kontrolliere die Situation, indem ich scheinbar sehr viel Verantwortung übernehme, in Wahrheit aber alle überfahre. Mein Rücken ist aufgerichtet, fast steif, meine Haltung ist dominant, ähnlich der eines Türstehers von einem Rockerklub. Die Brust ist geschwellt, fehlt nur noch, dass ich mir wie ein Gorilla auf die Brust trommle. Ich spüre mich selbst nicht, bin sehr präsent, hochfunktional, wenn man mir nicht in die Quere kommt.

Man könnte meinen, das vorherrschende Element wäre Erde, weil es sich so stabil anfühlt, aber wenn ich genau hinspüre, dann ist es Luft. Denn ich kontrolliere meine Umgebung durch meine Vorstellungen, meine Ideen darüber, wie die Dinge zu laufen haben. Abweichungen erlaube ich nicht.

Die Erlösung:

Augen zu. Rückzug. Bewusstes Loslassen jeder Kontrolle. Innere Windstille. Die anderen machen lassen, egal, was geschieht. Um sich selbst wieder zu spüren, muss der psychopathische Charakter ein großes Stück Verantwortung abgeben, auch und gerade wenn ihm das schwerfällt. Die Schmerzvermeidung will ihm einreden, dass ohne ihn nichts läuft , doch selbst wenn das stimmt, so ist es für seine Gesundheit und seinen Kontakt zu sich selbst notwendig, sich zurückzuziehen und die Kontrolle über andere und deren Aufgaben aufzugeben.

Was fehlt?

Vertrauen. Das Bewusstsein, dass sich die Welt auch dann in einer stabilen Bahn dreht, wenn er nichts dazu beiträgt. In die Natur schauen und die unermessliche, sich selbst immer wieder neu organisierende Kraft des Lebens erkennen. Nicht umsonst heißt »Kosmos« auf Deutsch »Ordnung«. Selbst das Chaos, die Unschärfe, Widersprüchlichkeiten und die scheinbare Unordnung gehören zu dieser Ordnung.

Als psychopathischer Typ darfst du lernen, dich dieser Selbstorganisation anzuvertrauen, die global, aber auch ganz persönlich in dir wirkt. Je mehr du die Kontrolle über dich und deine Umgebung loslassen kannst und je mehr du Bewusstsein über deinen wahren inneren Zustand erlangst, desto besser kann deine Selbstorganisation greifen und dir die jeweils passenden, zielführenden emotionalen und handlungsorientierten Impulse geben.

Der rigide Typ

Ich halte aus und durch. Ich atme flach, bis die Situation vorbei ist. Ich senke den Blick, meine Aufmerksamkeit ist gebannt, ich spüre weder mich noch meine Umgebung. Ich beziehe weder Energie von außen noch von innen, ich versuche, mit so wenig Aufwand wie möglich zu überleben. Ich bin nicht ansprechbar, funktioniere zwar, aber sehr verhalten und nur mit großem Energieaufwand. Ich erstarre, stelle mich tot, bin wie eine Pflanze im Winter, aber ohne dabei Kraft für neues Wachstum aus der Erde zu schöpfen. Der Blick ist starr, der Rücken steif, die Atmung minimal und nur im oberen Brustbereich. Dabei kann ich nach außen hin durchaus sehr lebendig wirken. Bin ich aber nicht. Meine Hyperaktivität soll nur ablenken. Denn ich zeige meine Gefühle nicht, nicht einmal meine Erstarrung. Element: erstarrte Erde, Stein.

Die Erlösung:

Bewusstes Hinwenden zum Inneren Kind, zu leichten, freien inneren Aspekten. Singen. Dinge tun, die Spaß machen, in ein angenehmes Gefühl bringen. Es ist ein ziemlicher Kraftakt, aus dieser Erstarrung herauszukommen und sich bewusst nach innen zu wenden, aber darum geht es. Über die Beschäftigung mit Dingen, die Freude machen, findet der rigide Charakter in sein Fühlen zurück, in seine Lebendigkeit.

Das Innere Kind steht für das Element Wasser, für das Fühlen. Wenn man verklumpte Erde mit Wasser in Kontakt bringst, wird sie von selbst weich und fruchtbar, und das ist es, was der Rigide braucht. Für den Rigiden ist es besonders wichtig, sich mit dem, was er fühlt, zu zeigen. Er schämt sich seiner Gefühle und hält es im tiefsten Inneren für falsch, überhaupt etwas zu fühlen.

Was fehlt?

Als rigider Typ schämst du dich zutiefst deiner Gefühle. Dass du überhaupt etwas fühlst, hältst du bereits für eine Zumutung, für dich und für andere. Als Kind wurdest du für deinen emotionalen Ausdruck beschämt und verlacht, bis du dich entschieden hast, deine Emotionalität mit Stumpf und Stiel auszumerzen.

Dir fehlt die Erlaubnis, das zu fühlen, was du fühlst. Doch das darfst du, einfach deshalb, weil du sowieso ein fühlendes Wesen bist. Du wurdest als fühlendes Wesen erschaffen, es kann dir helfen, wenn du das weißt. Denke an einen Säugling: Er fühlt, sonst nichts. Weder denkt er, noch kann er bewusst handeln. Er nimmt sich und seine Bedürfnisse wahr und bringt sie zum Ausdruck, alles andere ist nebensächlich. Er hat nichts anderes im Sinn, als zu überleben. Er nimmt die Welt über das Fühlen (die Amygdala ist sehr aktiv, falls dich das näher interessiert) wahr, und das ist auch gut so. Erst wenn das Gehirn reift, entsteht Bewusstsein und damit auch die Fähigkeit, sich selbst zu hinterfragen, bewusst zu handeln und eben auch zu kontrollieren. Kann es nicht sein, dass Gott uns als fühlende Wesen gemeint hat? Warum sonst wäre die erste Wahrnehmung ebendieses Fühlen?

Der masochistische Typ

Der masochistische Typ hält auch aus und durch wie der rigide – aber er erwartet Nackenschläge. Die Augen sind geschlossen, der Nacken ist sehr angespannt, die Schultern sind zusammengezogen. Der Rigide ist in sich erstarrt, der Masochist dagegen befindet sich in Habachtstellung. Das Innere ist im Aufruhr, es tobt ein Kampf, es brodelt und wütet. Er fühlt durchaus, aber nichts davon dringt nach außen, im Gegenteil, je stärker die innere Anspannung während der Aufstellung wird, desto mehr verkrampft sich mein Nacken. Ich würde mich niemals wehren, ich ducke mich eher noch ein wenig mehr. Ich fühle mich dabei nicht als jammerndes Opfer, dennoch ist die Situation ausweglos. Ich bin in Kontakt mit der gefühlten Bedrohung, aber vollkommen handlungsunfähig. Etwas anderes als die drohenden Schläge, von denen ich überzeugt bin, dass sie kommen, kann ich nicht wahrnehmen. Ich bin hinreichend damit beschäftigt, mich zu wappnen. Ich fühle mich in dieser Position nicht funktional. Ich kann einigermaßen tief atmen und beziehe meine Energie aus meinem inneren Aufruhr, ich bin wie ein Dampfkessel, doch ich werde nicht platzen.

Die Erlösung:

Ähnlich wie der orale Charakter braucht der Masochist freie, wilde körperliche Bewegung, um sich aus seiner Erstarrung zu lösen. Die innere Anspannung und auch die Wut müssen einfach raus! Tanzen, Schütteln, damit die Lasten von den Schultern fallen. Aber nicht, um die eigene Kraft zu erleben wie der orale Typ, sondern um in sich Raum für ein anderes Bewusstsein zu schaffen. Besonders für ihn ist es wichtig, die eigene innere Schöpferkraft anzuerkennen und sich selbst die Freiheit zu geben, verletzende Situationen hinter sich zu lassen. Denn er glaubt insgeheim, dass er immer der Prügelknabe sein wird und aushalten muss. Dass er sich letztlich selbst in diese Rolle stellt, ist ihm nicht bewusst.

Im Bewusstsein von Freiheit und der darauffolgenden Handlung findet er Erlösung. Hilfreich ist das innere Bild, einen schweren Mantel von den Schultern zu nehmen, ein Joch abzulegen und das Kreuz, das der Masochist noch immer für Jesus Christus trägt, endlich ins Feuer zu werfen. Er schleppt die Lasten Tausender und glaubt, er müsse das tun. Letztlich finden wir im Masochisten den Märtyrer, der die Lasten anderer auf sich nimmt und als Prügelknabe herhält. Für ihn ist es besonders wichtig, sich selbst das Recht zu geben, glücklich und erfolgreich zu sein. Der Masochist sucht im Gegensatz zu den anderen Charakteren geradezu nach Situationen, die ihn schädigen und deshalb wütend machen.

Was fehlt?

Die innere Bereitschaft (nicht Freiheit!), Nein zu sagen und schädigende Situationen zu verlassen. Der masochistische Charakter zieht einen Sekundärgewinn aus seiner Opferrolle: Unbewusst fühlt er sich überlegen. Er könnte durchaus Nein sagen, wenn er sein Selbstwertgefühl aus einer anderen Quelle schöpfen würde als aus seiner Fähigkeit, in schwierigen Situationen durchzuhalten. Die Wut, die in ihm brodelt, ist die Quelle seiner Lebendigkeit, glaubt er. Er darf erleben, dass diese innere Lebendigkeit auch aus Freude und Lust am Tun gespeist werden kann und dass ein Dasein als Märtyrer keine Eintrittskarte ins Himmelreich ist. (Selbst wenn das so wäre, so verpasst er durch das Märtyrertum die Erfüllung, auch auf Erden glücklich zu sein! Wozu hat Gott ihn denn dann überhaupt erschaffen, fragt man sich ...) Der masochistische Charakter hat nie erlebt, wie es ist, aus Freude und Liebe zu agieren und in wahrer Erfüllung zu leben. So zieht er seine Befriedigung aus seiner Fähigkeit, auch das schwerste Joch zu tragen. Der

Kampf gegen die Härte des Lebens ist sein Elixier. Er darf lernen, Situationen zu verlassen, die ihm schaden, und erkennen, dass das Leben auch in Schönheit, Freiheit und Freude gelebt werden kann. Dazu muss er bewusst auf die zweifelhafte Befriedigung verzichten, die ihm das Aufopfern und Durchhalten bringen.

Wozu dient es dir, das zu wissen? Erstens kommst du damit deiner eigenen Schmerzvermeidung auf die Spur. Zweitens erkennst du, dass die Reaktionen deiner Familie nichts anderes sind als deren eigenes vermeidendes, inneres Muster, es hat nichts mit dir zu tun! Du spürst es nur so deutlich, weil du vielleicht die Inneren Kinder der anderen nährst.

Schauen wir nach den Inneren Kindern der Menschen, die an dir hängen und die du nicht mehr nähren willst.

Das Innere Kind in gute Hände geben

Übung

Schließe wieder deine Augen, richte deine Aufmerksamkeit nach innen. Nun bitte darum, dass sich all die Inneren Kinder zeigen, die du für andere nährst. Vielleicht hängen sie an dir, gar an deiner Brust, vielleicht sind sie einfach um dich herum. Schaue nach, ob du das Innere Kind eines Menschen, den du schon lange loslassen willst, versorgst. Auch die Inneren Kinder deiner Eltern können sich an dich heften.

Wenn du erkennst, dass du das Innere Kind eines anderen nährst, dann sage ihm: »Ich bin nicht deine Mutter/dein Vater. Es gibt einen besseren Platz für dich als hier bei mir.« Rufe nun in Gedanken den Menschen, dessen Inneres Kind du hütest, und bitte ihn, sich seines Inneren Kindes anzunehmen. Nimmt er es zu sich, ist alles gut, doch meistens wollen die Menschen, deren Innere Kinder wir hüten, mit ihrem Inneren Kind nichts zu tun haben. Deshalb sind die Inneren Kinder ja so bedürftig. Das macht nichts, denn jetzt rufen wir die Schutzengel und die anderen Kräfte, die für diese Inneren Kinder zuständig sind. Rufe einfach die Kräfte, die für diese Inneren Kinder sorgen können, sei es Mutter Erde, Mutter Maria, die große Erdgöttin oder wer auch immer. Die Kräfte wissen es schon, wenn sie gemeint sind, auch wenn du nicht weißt, wen du rufen sollst.

Bitte diese Kräfte nun, sich des Inneren Kindes, das du nicht mehr nähren willst, anzunehmen und es zu versorgen. Lasse es los, pflücke es, wenn es nicht anders geht, von dir ab, selbst wenn du ein wenig rabiat sein musst. Es dient wirklich niemandem, wenn sich ein fremdes Inneres Kind an dir festkrallt. Es gibt einen besseren Ort für dieses Innere Kind, und wenn du das weißt, dann hast du auch die Entschlossenheit, es wirklich abzugeben, auch gegen seinen Willen. (Das gilt nicht für die Inneren Kinder deiner eigenen Kinder! Dazu gleich mehr.)

Sieh nun, wie das Innere Kind versorgt wird und sich langsam entspannt. Lasse es nun los, selbst wenn das bedeutet, dass du die Kontrolle über den anderen abgibst. Denn das war dein eventueller Gewinn: Kümmerst du dich um das Innere Kind eines anderen, dann hast du Macht über ihn. Lasse diese Macht gehen, sie dient weder dir noch dem anderen, und mit Liebe hat sie sowieso nichts zu tun.

Komme in deiner Zeit in den Raum zurück, in dem du dich befindest, und überprüfe regelmäßig, ob du fremde Innere Kinder nährst. Das kann passieren, wenn du zum Kümmern neigst. Du darfst sie ganz undramatisch in liebende Hände geben.

Spürst du, dass das Innere Kind deines eigenen Kindes an dir hängt, dann lässt du es bitte nicht gleich los, sondern fragst es, was es von dir braucht. Kannst du es ihm geben, so tue das. Du kannst dir jederzeit hilfreiche

Kräfte an die Seite rufen, damit du es nicht allein nähren musst, aber trage die Verantwortung als Vater oder Mutter weiter, soweit es in deiner Macht steht. Du musst es nicht mehr allein tun und dich nicht über Gebühr verausgaben. Es ganz abzugeben wäre in den meisten Fällen aber nicht stimmig.

Mein Inneres Kind zu mir zurückholen

So, liebe Leserin, lieber Leser. Ein Inneres Kind ist noch übrig, und auch das braucht einen guten Platz. Denn wenn du allzu abhängig bist von den Reaktionen deiner Umgebung auf dich und deshalb nicht gut für dich sorgen kannst, dann darfst du noch bewusster die Verantwortung für dein Inneres Kind übernehmen.

Übung

Mache es dir bequem, und schließe deine Augen. Entspanne dich, so gut dir das im Moment möglich ist, und stelle dir selbst folgende Frage: Steht mein Inneres Kind bei irgendeinem anderen Menschen, versucht es, Liebe und Zuneigung von jemandem zu bekommen, umschwärmt es jemanden? Das kann dein Chef, dein Expartner, dein aktueller Partner, dein Freund oder ein Familienmitglied sein, es können sogar deine eigenen Kinder sein.

Wenn das so ist, dann spürst du es jetzt. Du siehst dein Inneres Kind bei jemandem stehen, oder du weißt es einfach, das können auch mehrer Personen sein. Frage das Innere Kind bitte: »Was erhoffst und ersehnst du dir denn von diesem Menschen, was hat er dir versprochen, was vermutest du, von ihm zu bekommen?« Sei völlig offen für die Antwort, egal, wie absurd sie dir, dem Erwachsenen, auch vorkommen mag.

Gehe dann in Gedanken zu dem Inneren Kind hin. Nimm es in den Arm, und sage ihm: »Du gehörst zu mir, ich bin für dich da, ich passe auf dich auf, bei mir bist du sicher.« Dann nimm es mit zu dir, achte darauf, dass es wirklich mitkommt. Geht es nur ungern mit dir, dann sage ihm noch einmal ausdrücklich: »Das ist nicht dein Vater, nicht deine Mutter, du gehörst zu mir. Dieser Mensch kann dir nicht geben, was du brauchst, egal, wie sehr du darum kämpfst.« Falls du erkennst, dein Inneres Kind steht tatsächlich bei deinem Vater oder bei deiner Mutter, dann sage ihm: »Das ist zwar dein Vater/deine Mutter, aber er/sie hat nicht, was du brauchst. Ich bin für dich da, bei mir bist du sicher.«

Schaue jetzt bitte, ob das Innere Kind die Lasten des anderen zu tragen versucht, ob es um Liebe kämpft, indem es das Leben des anderen leichter zu machen versucht. Stelle dich in diesem Fall vor dein Inneres Kind, und halte deine

Hände auf. Sage ihm: »Gib mir nun alles, was du für den anderen trägst. Es hilft ihm nicht, wenn du das trägst. Du kannst ihm deine ganze Liebe schenken, doch ich versorge dich, und du brauchst nichts für ihn zu tragen. Gib es mir, ich kümmere mich darum.« Sieh nun, wie dir das Innere Kind all die Lasten gibt, die es für den anderen getragen hat. Wenn es dir alles gegeben hat, dann rufe den Schutzengel des anderen oder einfach Mutter Erde. Gib dieser Kraft die Last, die du deinem Inneren Kind abgenommen hast. Hier sind die Lasten gut aufgehoben.

Nun kommt das Innere Kind leicht und frei mit dir mit. Bringe es in den Zaubergarten, oder nimm es einfach in den Arm, und halte es, je nachdem, was euch beiden gerade lieber ist. Komme dann in deiner Zeit zurück in den Raum, in dem du dich befindest, und überprüfe bitte immer wieder, ob dein Inneres Kind wirklich voll und ganz bei dir ist. Tue das vor allem mit ehemaligen Freunden und Partnern, gerade dann, wenn du nicht gut loslassen kannst. Oft genug kämpft ein Teil in uns weiter um Liebe, und wir können deshalb nicht weitergehen.

Nachwort

Am Ende möchte ich euch etwas Persönliches mitteilen, damit ihr spürt, dass wir alle auf dem gleichen Weg sind. Ich habe es in einem Blog verfasst, doch es passt ideal ans Ende dieses Buches.

Gerade komme ich aus der Toskana zurück von einem wirklich sehr tiefen und lehrreichen Seminar über die Heilung durch Sexualität – und falle in ein Loch. Genau das, was meinen Seminarteilnehmern passiert, erlebe ich auch, obwohl ich mein Leben so selbstbestimmt und frei wie möglich gestalte. Nach diesem wundervollen Seminar muss ich mich auf einmal wieder um Werbung, Seminare und Katzenfutter kümmern, das Bad muss geputzt werden, und überhaupt, wie es hier aussieht! Mein Roman liegt auf Eis, da wollte ich ihn wirklich nicht haben, und ich schreibe diesen jammervollen Text, anstatt etwas Sinnvolles zu tun. Staubzusaugen zum Beispiel. Mein Buch weiterschreiben. Sport machen. Was nun?

Ich erinnere mich an das, was ich meinen Teilnehmern predige, und werde innerlich still. Wieso glaube ich, sofort wieder funktionieren zu müssen? Und auf einmal spüre ich, worum es wirklich geht. Ich hatte mit meinem Partner einen wunderschönen, sehr innigen Raum, wir haben auf der Fahrt in die Toskana in seinem Bus geschlafen und das Seminar zusammen besucht, Übungen miteinander gemacht und waren uns sehr nah. Viel näher, als das im Alltag möglich ist, denn jeder hat seine Angelegenheiten. Mike kümmert sich heute um die Schwitzhütte, die er am Samstag anbietet, ich will, wie geschrieben, putzen und das Haus schön machen. Ich bin einfach ein bisschen traurig, fühle ein wenig Abschiedsschmerz. Und genau so darf es auch sein. Wir werden andere Räume öffnen, miteinander und ohne einander, aber dieser hier ist nun gelebt und liegt hinter uns. Ich vergesse manchmal, dass ich Zeit brauche, um Abschied zu nehmen, um meinen inneren Raum wieder in Ordnung zu bringen, um zu verarbeiten. Ich bin manchmal zu schnell, überrenne mich selbst. Heute werde ich mich weder analysieren noch beschwichtigen, sondern einfach tun, was ansteht, und mich nach innen zurückziehen. Ich tauche ab, verarbeite alles, und dann komme ich wieder an Land, in meiner Zeit. Heute geht das, heute nehme ich mir die Zeit, meinen inneren Raum zu bewohnen.

Du hattest eine sehr intensive Zeit in deinem Seminar, liebe Leserin, lieber Leser, und eine tiefe Begegnung mit dir selbst. Nun ruft der Alltag mit all seinen Anforderungen. Deine Aufmerksamkeit wendet sich von innen wieder nach außen. Das, was du fühlst, ist Abschiedsschmerz – den Abschied von einer innigen Begegnung mit dir selbst. Du fehlst dir!

Es liegt an dir, dich selbst so schnell wie möglich wieder zu treffen und diese Begegnung so innig wie möglich zu gestalten. Ich hoffe sehr, dass dieses Büchlein ein bisschen zum guten Gelingen deiner Beziehung mit dir selbst beitragen durfte.

In Liebe, Mitgefühl und tiefer Verbundenheit

Susanne

Über die Autorin

Susanne Hühn ist ausgebildete Lebensberaterin und ganzheitliche Physiotherapeutin. Sie schreibt spirituelle Selbsthilfebücher und gibt Lebensberatung, Channelings sowie Meditationskurse für Erwachsene und Kinder. Seit 1986 begleitet sie Menschen auf ihrem Weg zur Gesundung. Mit dem Schreiben begann sie 1992. Zuerst schrieb sie spirituelle Romane, dann vermittelte sie ihr Wissen in Sachbüchern und auf CDs, die sie mittlerweile in großer Zahl veröffentlicht hat.

www.susannehuehn.de